ESPERANÇA
na solidão

ELISABETH ELLIOT

ESPERANÇA
na solidão
ENCONTRANDO DEUS NO DESERTO

E46e Elliot, Elisabeth
Esperança na solidão : encontrando Deus no deserto / Elisabeth Elliot ; [tradução: Karina Naves]. – São José dos Campos, SP: Fiel, 2021.

Tradução de: The path of loneliness : finding your way through the wilderness to God.
ISBN 9786557231449 (brochura)
        9786557231456 (epub)

1. Elliot, Elisabeth. 2. Solidão – Aspectos religiosos – Cristianismo. 3. Vida cristã. I. Título.

CDD: 248.86

Catalogação na publicação: Mariana C. de Melo Pedrosa – CRB07/6477

ESPERANÇA NA SOLIDÃO:
Encontrando Deus no deserto

Traduzido do original em inglês:
The path of loneliness: Finding your way through the wilderness to God

Copyright © 1998, 2001 Elisabeth Elliot

∎

Publicado originalmente por Revell uma divisão do Baker Publishing Group
6030 East Fulton Road, Ada, MI 49301

Para mais informações sobre a autora, seu legado, trabalho e livros, por favor visite: www.elisabethelliot.org.
Copyright © 2021 Editora Fiel
Primeira edição em português: 2021

Todos os direitos em língua portuguesa reservados por Editora Fiel da Missão Evangélica Literária
PROIBIDA A REPRODUÇÃO DESTE LIVRO POR QUAISQUER MEIOS SEM A PERMISSÃO ESCRITA DOS EDITORES, SALVO EM BREVES CITAÇÕES, COM INDICAÇÃO DA FONTE.

∎

Diretor: Tiago Santos
Editor-chefe: Vinicius Musselman
Supervisor Editorial: Vinicius Musselman
Editora: Renata do Espírito Santo
Coordenação Editorial: Gisele Lemes
Tradução: Vinícius Silva Pimentel
Revisão: Bruna Gomes Ribeiro
Diagramação: Rubner Durais
Capa: Rubner Durais

ISBN impresso: 978-65-5723-144-9
ISBN eBook: 978-65-5723-145-6

Caixa Postal 1601
CEP: 12230-971
São José dos Campos, SP
PABX: (12) 3919-9999
www.editorafiel.com.br

Sumário

Prefácio à segunda edição 9
Agradecimentos 11
1 | A onda repentina 13
2 | Ferocidade e ternura 19
3 | A solidão é um deserto 25
4 | A dor da rejeição 31
5 | Todos os meus desejos estão diante de ti 37
6 | O dom da viuvez 43
7 | Sob a mesma direção 51
8 | Divórcio: a verdadeira humilhação 59
9 | Um amor tão forte que machuca 65
10 | A morte é um novo começo 71
11 | O preço é ultrajante 79
12 | O elogio intolerável 91
13 | Casada, mas sozinha 97
14 | Amor significa aceitação 109
15 | Um campo com um tesouro escondido 117
16 | Faça-me um bolo 127

17 | A glória do sacrifício 135
18 | Uma parte nos sofrimentos de Cristo 143
19 | Uma estranha paz..151
20 | Ajude-me a não querer tanto 159
21 | Transforme sua solidão em oração 169
22 | Como faço essa coisa de esperar?...177
23 | Um caminho para a santidade 189
24 | Maturidade espiritual significa parentalidade espiritual 195
25 | Uma vida trocada 203
26 | Uma porta de esperança 209

À memória de Katherine Morgan

*Bem-aventurado o homem cuja força está em ti,
em cujo coração se encontram os caminhos aplanados,
o qual, passando pelo vale árido,
faz dele um manancial; [...]
Vão indo de força em força [...].*

– Salmo 84.5-7

Prefácio à segunda edição

Os leitores notarão que este livro foi publicado originalmente em 1988. Parte do seu conteúdo pode parecer um pouco desatualizada, mas acredito que o tema da solidão é de interesse perene para todos nós, em todas as épocas de nossas vidas.

Minha oração sincera é que aqueles que trilham este caminho encontrem a companhia daquele que chama a si mesmo de o Deus da paz. Que você também descubra o que o apóstolo Paulo aprendeu enquanto estava na prisão: "[...] aprendi a viver contente em toda e qualquer situação [...] tanto de fartura como de fome; assim de abundância como de escassez; tudo posso naquele que me fortalece" (Fp 4:11-13).

Elisabeth Elliot

Agradecimentos

Devo meus sinceros agradecimentos
àqueles que autorizaram o uso de suas histórias.

1

A onda repentina

É meia-noite. Para além da asa direita do avião, a lua inunda de luz um vasto campo de nuvens, como paralelepípedos. Dentro do avião está escuro, exceto por algumas fracas luzes e os sinais das saídas de emergência. A comissária de bordo se move silenciosamente pelo corredor, levando um cobertor para alguém. O homem e a mulher ao meu lado parecem estar dormindo. Estão calados há muito tempo. Tento encaixar minhas pernas no limitado espaço disponível, mas elas são compridas demais. O assento é estreito demais. O travesseiro é pequeno demais para acomodar minha cabeça confortavelmente no encosto. Apesar do profundo, suave e regular zumbido dos motores, não consigo dormir.

A mulher ao meu lado se move, abre a bolsa, encontra alguma coisa e se inclina novamente. O homem se mexe. Nenhum dos dois diz nada. Ouve-se um pequeno clique, depois uma chama límpida, quando o homem se estica para acender o cigarro da companheira. Consigo ver o contorno de sua mão, as juntas e os dedos, os cabelos iluminados por alguns segundos. A mulher inala e exala uma fina coluna de fumaça. Outro clique. Escuridão.

Simplesmente o mais comum dos gestos, quase sem significado para eles, eu suponho. Porém, para mim, sentada ali perto da janela e fitando novamente as estrelas frias, aquilo fala de um mundo inteiro que agora está perdido para mim. Um homem e uma mulher. Juntos. A mão dele estendida para ajudá-la.

E eu, viajando sozinha. Sou uma viúva. Lembro-me de outra mão — um pouco maior do que aquela, com dedos fortes para luta livre e carpintaria, hábil para desenhar, tenra para acariciar. Ainda consigo ver as unhas quadradas e os pelos que cresciam nas costas daquela mão. O homem a quem ela pertencia já se foi há mais de um ano — tempo suficiente para eu ter dificuldade em lembrar como me sentia quando ele me tocava, como era repousar minha mão na mão dele.

Inclino minha testa contra o vidro e uma grande e forte onda se derrama sobre mim e me afoga — como havia feito uma centena de vezes no ano anterior. Mas há tantos em situação pior do que a minha! Trago isso à memória. Quão abençoada eu fui pelo fato de ter sido uma esposa, mesmo que por um breve período. No entanto, das formas mais imprevistas, nos lugares mais estranhos e pelos motivos mais absurdos, enquanto cuido de meus afazeres, geralmente calma, até mesmo animada, aquela onda repentina me inunda. Seu nome é solidão.

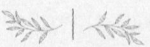

Quinze anos depois, estou viúva outra vez. A maioria das minhas lágrimas foi derramada antes de ele morrer, enquanto eu via o câncer despedaçá-lo. O funeral é uma celebração de alegria

— ele está em paz, finalmente livre do que chamava de seu "corpo de humilhação". Nós cantamos "Guide me, o thou great Jehovah" ["Guia-me, ó grande Jeová"], o hino que traz (exceto nas mutiladas versões mais recentes) aqueles maravilhosos versos:

> Morte da Morte e Destruição do Inferno,
> faz-me atracar seguro em Canaã.

Não sinto nenhuma vontade de chorar — exceto de alegria, ao pensar que Cristo é a Morte da Morte. Não chorei no culto fúnebre do meu primeiro marido. Tenho certeza de que aquilo pareceu muito estranho para os espectadores — "Ela deve ser feita de concreto!" —, mas não fui a única a passar por isso. Com frequência, aqueles cuja perda é a maior de todas recebem a maior medida de graça, misericórdia e paz. Isso não significa que nunca chorem, é claro. Mas eles não desabam. Para aqueles que simplesmente assistem, oram e tentam se colocar no lugar dos enlutados, aquilo parece quase insuportável. Às vezes, eles choram incontrolavelmente, pois sua imaginação nunca inclui a graça.

Assim se dá comigo no funeral. A paz recebida simplesmente excede o entendimento, e sou carregada por essas intensas orações, como que por fortes asas, muito acima do luto.

Mas, de repente, um dia, quando estou tirando algo da prateleira do supermercado, a maré sobe e eu me pego soluçando. Felizmente, ninguém parece notar. Se alguém notasse, será que minha explicação ("Meu marido morreu há três meses") lhe faria sentido — *aqui*, no *supermercado*?

Para chegar ao restaurante do hotel, temos que passar pelo bar da danceteria. O barulho é alto demais para discernir se é música ou sei lá o quê. A fumaça é densa demais para discernir quem está lá fazendo aquele barulho, mas pelo globo espelhado podemos ver as formas se contorcendo na pista de dança. Homem ou mulher? Nem sempre consigo dizer pelas roupas. Eles não estão se tocando. Suas mãos estão se movendo para frente e para trás no ar à sua frente; seus corpos estão girando, tremendo, esfregando-se. Ocasionalmente, alguém bate no ombro alheio para lembrar que aquela pessoa já tem companhia. Um grupo de homens está parado perto da porta. Quatro mulheres estão sentadas de lado em banquinhos de bar, as pernas generosamente expostas, os cotovelos apoiados no balcão, as mãos penduradas sobre a armação dos óculos, os olhos examinando incessantemente o salão. Há solidão nos olhos, a solidão aguda que alguém sente enquanto procura uma alma que possa "corresponder".

É sábado à noite. É para onde vêm os solteiros nesta cidade de boiadeiros a oeste do Mississippi.

Nós (um terceiro marido e eu) paramos, assistimos àquela cena por um minuto e continuamos. Sentamo-nos no restaurante, gratos pelo silêncio, gratos por não precisarmos nos juntar à multidão solitária. Nós temos um ao outro, e é para a vida toda (e que seja uma vida mais longa desta vez — por favor, Deus).

Por que as pessoas vêm a este lugar? Não é possível que seja pela comida ou por aquilo que chamam de música. Elas não têm namorados. São caçadoras solitárias. O que mais você pode fazer numa cidadezinha, ou mesmo em Nova York, quando se está sozinho em um sábado à noite?

Segundo um artigo em uma revista de bordo, ficamos sabendo que em Toronto existem outras opções. Você pode ingressar em um clube de solteiros, ligar para um serviço de namoro, ir a uma boate ou clube noturno ou, se educação adulta for a sua "praia", pode se inscrever em algo chamado "cortejo culinário", que lhe permite comer um menu degustação a cada seis semanas, no qual se come cada um dos quatro pratos em uma mesa diferente, com cinco ou seis rostos diferentes. Se estiver disposto a gastar 695 dólares, você pode comprar seis encontros com membros do sexo oposto — ou, de acordo com sua "preferência", com membros do mesmo sexo — e aprender como agir, vestir-se e falar de maneiras que vão infalivelmente atraí-los. Por mil dólares, você pode colocar seu nome em uma lista que lhe dá uma chance (não uma garantia) de ser chamado pelos Ricos e Famosos, isto é, homens que ganham cem mil dólares ou mais (o artigo não definia o que seriam os Famosos).

Em Birmingham, uma anfitriã forma pares entre os convidados da festa e um guarda uniformizado os mantém algemados durante toda a noite. "Eles tinham que nadar, comer e fazer tudo (exceto ir ao banheiro) juntos", relatou, "mas isso nunca resultou em nenhuma união permanente".

Perto de nossa casa em Massachusetts, um enorme supermercado está anunciando Noites de Solteiros nas quais os livres e desimpedidos podem comprar comida e uns aos outros. Eles o chamam de Mercado do Encontro.

Nos jornais e revistas, os classificados com anúncios pessoais são uma medida do desespero que homens e mulheres sentem em sua solidão.

O que se deve fazer com a solidão?

2

Ferocidade e ternura

Aqui está uma resposta, creio, à pergunta feita no final do primeiro capítulo. Mas, primeiro, precisamos voltar ao princípio de tudo.

Em *The Eternal Now* [O eterno agora], Paul Tillich escreve:

> Estar vivo significa estar em um corpo — um corpo separado de todos os outros corpos. E estar separado significa estar sozinho. Isso é verdade para todas as criaturas, mas é mais verdade para o homem do que para qualquer outra criatura. Ele não está apenas sozinho; ele também *sabe* que está sozinho. [...] E ele não consegue suportar essa solidão. Nem tampouco pode-lhe escapar. É seu destino estar sozinho e estar ciente disso. Nem mesmo Deus pode livrar-lhe desse destino.[1]

Quando Deus criou o mundo, ele viu tudo o que havia criado e declarou que tudo era bom. Mas, ao criar o homem, viu que não era bom que ele estivesse só. O homem é um ser social,

---

1 Paul Tillich, *The eternal now* (New York: Scribner, 1963), 15-16.

como os animais. Eles se movem em pares, bandos ou rebanhos. Deus planejou a resposta para a solidão de Adão: uma mulher. Eles eram um casal, destinados a responder um ao outro.

Num sentido profundo, no entanto, ambos ainda estavam sozinhos — em corpos separados, sozinhos diante de Deus, carregando sua imagem, respondendo a Deus, responsáveis. Essa solidão era uma coisa boa, pois tudo no Jardim era perfeito.

Mas algo aconteceu. O pecado destruiu a perfeita harmonia do universo. A relação do homem com Deus e dos seres humanos entre si foi rompida. O homem agora *sabe* que está sozinho. Sua solidão não é apenas uma experiência de solitude (algo que em si mesmo não é ruim), mas também de privação. A companhia humana, que no plano divino era a resposta à condição do homem de estar só, não é mais suficiente. A desobediência a arruinou. Sua condição de estar só tem, agora, outra dimensão, que é uma experiência de dor — uma dor chamada solidão. Esse tipo de dor faz parte do que os filósofos chamam de "apuro humano", o caráter, *status* ou condição da humanidade. Ninguém jamais escapa dele.

Muitos de nós, suponho, já sentimos nossa solitude de maneira especialmente pungente em ocasiões nas quais nos colocamos diante da grandeza da natureza — uma tempestade estrondosa, um céu estrelado à meia-noite, as ondas bravias do mar. Isso pode ser reconfortante ou aterrorizante, dependendo do nosso relacionamento com aquele que trouxe tudo à existência ou, talvez, dependendo apenas do humor do momento.

É algo terrível — e somente se alguém fosse subumano e embrutecido deixaria de ser aterrorizante — não ter raízes neste mundo; ser sem-teto, isolado, uma "pessoa deslocada"; estar na terra, mas não ser dela. Aquilo que na figura veterotestamentária de Melquisedeque é mistério — "sem pai, sem mãe, sem genealogia" —, para nós seria uma tragédia. Sem família, amigos ou ponto de apoio; sem sol, estrelas e ventos, estaríamos apenas meio vivos, condenados, na melhor das hipóteses, a uma existência crepuscular; estar plenamente vivo é ser de algum modo parte dessas coisas — tanto da ferocidade quanto da ternura delas.[2]

Assim escreve Gerald Vann em *The Son's course* [O curso do Filho]. Ele pôs o dedo na ferida, na causa da maior de todas as desolações humanas. Precisamos de um ponto de apoio.

O mundo oferece seus pobres analgésicos e muitos se agarram a eles com afinco — "*Talvez* eu encontre a resposta no bar de solteiros, nos classificados pessoais, no Mercado do Encontro". Com efeito, é verdade que o solitário pode encontrar um companheiro, alguém disposto a tentar amá-lo, pelo menos por uma noite. Mas será esta realmente a resposta que procuram? Sem um ponto de apoio, sem a consciência de fazer parte de algo maior e mais sublime do que eles, isso não será o bastante.

Foi o amor de Deus que nos trouxe todos à existência — sol, estrelas, ventos, homens, mulheres e "crianças para adoçar

---

[2] Gerald Vann, *The Son's course* (Glasgow: Collins, 1960), 10.

o mundo" (para usar a frase de uma antiga oração que amo). Conhecer a Deus, ou mesmo começar a conhecê-lo, é saber que não estamos sozinhos no universo. Alguém mais está lá fora. Aí está uma pista de que talvez haja um refúgio para a nossa solidão. Se pararmos nosso frenesi de ter, gastar e procurar; se simplesmente *olharmos* para tudo o que Deus criou, daremos um passo para longe do desespero. Afinal, Deus se importa. A mais impressionante paisagem marítima pode revelar um cuidado que é realmente *terno*.

"Quem encerrou o mar com portas, quando irrompeu da madre", perguntou Deus a Jó em meio ao seu grande sofrimento, "quando eu lhe pus as nuvens por vestidura e a escuridão por fraldas?" (Jó 38.8-9). Um Deus que pode olhar para o poderoso oceano como se fosse um minúsculo recém-nascido — poderia ele esquecer-se de algum dentre os solitários do seu povo? Jó se sentira muito esquecido. No entanto, após todas as suas perguntas e acusações, foi-lhe mostrado que nem por um momento isso realmente aconteceu.

"Sabes tu o tempo em que as cabras monteses têm os filhos ou cuidaste das corças quando dão suas crias? Podes contar os meses que cumprem? Ou sabes o tempo do seu parto?" (Jó 39.1-3). Se Deus vê a corça em seus espasmos de agonia e cuida do parto de suas crias na floresta, então podemos crer que um coração dolorido não lhe passa desapercebido.

Devo a meu pai uma profunda consciência de Deus como Criador. Não me lembro de um momento em que não estivesse ciente do canto dos pássaros, da glória das montanhas, do frescor da madrugada, da profunda doçura de uma floresta de pinheiros brancos, do mistério do céu noturno. Ele nos ensinou a ver, ouvir, cheirar, sentir, saborear. De mil maneiras, nosso pai e nossa mãe nos ensinaram a conhecer aquele que nos criou e a confiar nele. Eles nos contaram a história que, acima de todas as glórias da natureza, escancara o coração de Deus — a história daquele "que é o resplendor da glória de Deus e a expressão exata do seu ser" (Hb 1.3, NAA): a história de Jesus, seu nascimento de uma virgem, sua vida e sua morte na cruz. Quando éramos muito pequenos, eles nos ensinaram a confiar nele e cantavam para nós na hora de dormir: "Safe in the arms of Jesus" ["Seguro nos braços de Jesus"]. Foi num lar assim que crescemos.

Mas a segurança, como nos mostra a cruz, não exclui o sofrimento. Obviamente, quando eu era criança, tudo aquilo estava além da minha compreensão, mas, quando comecei a aprender sobre o sofrimento, descobri que a *confiança* naqueles braços fortes significa que até o nosso sofrimento está sob controle. Não estamos condenados à falta de sentido. Um propósito amoroso está por trás de tudo; há uma grande ternura mesmo na ferocidade.

3

A solidão é um deserto

Uma das ocasiões em que a solidão se derrama sobre nós é quando somos ameaçados pela doença. O telefone tocou tarde da noite e uma voz tímida começou a me falar, muito hesitante, sobre uma grande perplexidade. Ela era uma cristã recém-convertida. As coisas estavam indo maravilhosamente bem em sua vida e Deus lhe dera uma obra para fazer em seu nome; porém, tudo estava prestes a se perder por causa de uma doença que provavelmente a levaria à incapacidade total.

"Parece-me muito estranho Deus permitir que isso aconteça", disse a voz.

É claro que parece. Os caminhos de Deus são realmente misteriosos. Mesmo assim, ele nos diz para não os considerarmos estranhos. Nossas tentações são comuns à humanidade, mas sua fidelidade é constante. Imediatamente, fiz uma oração, pedindo a Deus que me ajudasse a mostrar a ela o que ele poderia estar fazendo. Eu precisava tentar começar com aquela simples premissa, a qual parece bastante lógica, de que Deus quer que sejamos felizes. Isso é de fato verdade, mas de uma forma muito mais profunda do que pensamos. "Felicidade", conforme a definição do mundo, significa estar livre de sofrimento. Como Peter Kreeft nos diz em seu magistral livro *Buscar sentido no sofrimento*[3], o homem antigo se preocupava em como ser bom, ao passo que o homem moderno se preocupa em como ser feliz. Para os antigos, a bondade levava à felicidade. Para os modernos, a bondade leva a tudo, menos a isso. O ditado é: "Tudo de que eu gosto é imoral, ilegal ou engorda".

Eu não falei tudo isso para a perturbada moça ao telefone, mas tentei ajudá-la a perceber que, como cristã, ela poderia ver as coisas de um ângulo diferente. Ela precisava começar com o amor de Deus e compreender que esse amor, revelado na cruz, não exclui o sofrimento; antes, deve sempre *incluí-lo*.

"Mas que bem pode haver em eu ficar numa cama?", veio a pergunta queixosa. Então, tivemos que conversar sobre como Deus define o que é "bom" — de modo muito diferente do mero utilitarismo. Ele queria que ela confiasse e obedecesse ("pois não há outra maneira de ser feliz em Jesus", como diz o velho hino evangélico). O único modo de ela aprender a confiar e obedecer era passando por situações que não pudesse compreender. É aí que a fé começa — no deserto, quando você está só e com medo, quando as coisas não fazem sentido... Ela precisava se apegar à mensagem da cruz: Deus nos ama. Ele nos amou o suficiente para morrer por nós. Do que mais precisamos para confiar nele?

---

3 N. E.: Peter Kreeft, *Buscar sentido no sofrimento* (São Paulo: Edições Loyola, 1995).

Compartilhei com ela a palavra de São Pedro sobre a prova da fé ser algo mais precioso do que o ouro — e até o ouro tem que passar pelo fogo para ser purificado. O fogo é quente. Causa dor. Mas uma fé purificada valeria muito mais para Deus do que todo o serviço que ela esperava realizar se a saúde precária não houvesse interrompido seus planos.

Houve uma pausa. Então, ouvi a vozinha tímida dizer: "Ah". Tenho certeza de que ela sentiu como se estivesse prestes a entrar em um deserto uivante e selvagem, e ficou com medo. Orei para que Deus a acompanhasse a cada passo do caminho e a fizesse saber que tudo estava sob controle.

O sofrimento é uma experiência de deserto. Sentimo-nos muito sozinhos e desamparados, isolados de outras pessoas que não conseguem saber o quanto sofremos. Ansiamos por alguém que venha em nosso auxílio, que seja nossa "companhia" e nos tire dali.

Alguém o fará. Há um alguém que certamente virá em nosso auxílio. Ele será nossa companhia se permitirmos. Mas nos tirar dali? Não necessariamente. É uma das condições de ser humano (o que significa que, embora não possamos fazer nada *a respeito* disso, há algo muito importante que podemos fazer *com* isso — mas falaremos mais sobre esse assunto adiante). O próprio Jesus, sendo um homem sujeito a todas as tentações humanas, não foi dispensado da experiência do deserto.

Ela aconteceu imediatamente após o seu batismo, quando parecia que ele estava totalmente pronto para iniciar seu ministério público. Em vez de ir a Jerusalém, onde poderia "alcançar" multidões, o Espírito de Deus conduziu Jesus direto para um lugar onde não havia ninguém — um deserto —, com o propósito expresso de que ele fosse testado. O teste veio na forma de um encontro com Satanás. E assim é conosco. Quando estamos com fome, sem ajuda e sozinhos, o inimigo vem ao nosso encontro. Ele faz o que é certo parecer pouco atraente e o que é errado parecer muito atraente. Ele ofereceu a Jesus tudo aquilo que o mundo considera essencial à *felicidade*: satisfação do desejo físico, imunidade ao perigo e "todos os reinos do mundo e a glória deles" (Mt 4.8), o que considero significar tudo o mais que o mundo tem a oferecer.

Jesus foi tentado. O preço das ofertas de Satanás era aparentemente barato — faça alguns pequenos milagres, preste-lhe reverência. O preço da obediência ao Pai, por outro lado, era alto. Custar-lhe-ia tudo. Eis ali o verdadeiro teste da confiança de Jesus, de seu amor por Deus, da pureza de suas intenções, do caráter irrevogável de seu compromisso. Ele recusou categoricamente todas as ofertas, cumprindo o teste com a Palavra escrita:

Está escrito.

Está escrito.

Está escrito.

Satanás entendeu que havia sido vencido e foi embora.

Lembro-me de acordar bem cedo, numa certa manhã, em um pequeno abrigo de junco e folhas às margens do rio Curaray. Minha filha de três anos e eu havíamos passado a noite ali, com alguns índios, a caminho de casa, a qual ficava numa clareira a cerca de um dia de viagem. A chuva caía em grandes lençóis ondulantes sobre o rio e a areia da praia e, com a chuva, uma enorme solidão parecia prestes a me afogar. Senti que não seria capaz de enfrentar um dia como aquele em uma canoa, tampouco tinha a menor vontade de voltar para aquela clareira. Naquele momento, o que eu queria era civilização, não aventura, mas não havia escolha. Deus me encontrou ali naquela manhã e me fortaleceu com um *Está escrito*, lembrando-me de suas promessas: *De maneira alguma te deixarei, nunca jamais te abandonarei. Estou convosco todos os dias* (Hb 13.5; Mt 28.20).

No deserto da solidão, somos terrivelmente vulneráveis. O que queremos é *sair* dali e, às vezes, parece haver algumas maneiras fáceis de consegui-lo. Aceitaremos Satanás com suas ofertas? Satisfaremos nossos desejos de maneiras jamais projetadas por Deus? Buscaremos segurança fora de sua santa vontade? Se o fizermos, talvez encontremos alguma medida de felicidade, mas não a alegria duradoura que o nosso Pai celestial deseja que tenhamos. Podemos "ganhar o mundo", mas perderemos nossas almas. Jesus sabia que sua alegria estava em apenas uma direção: a vontade do Pai. E a nossa também.

A dor, como disse C. S. Lewis, é o megafone de Deus ("Deus sussurra em nossas alegrias, fala em nossa consciência, mas grita em nossa dor"). A dor da solidão é um meio pelo qual ele deseja chamar nossa atenção.

Talvez desejemos ardentemente ser obedientes e santas. Mas talvez estejamos perdendo de vista o fato de que é *aqui*, onde nos encontramos neste momento, e não em outro lugar ou outro momento, que podemos aprender a amá-lo — aqui, onde parece que Deus não está trabalhando, onde sua vontade parece obscura ou assustadora, onde ele não está fazendo o que esperávamos que ele fizesse, onde ele está mais ausente do que presente. É aqui, e somente aqui, o lugar designado. Se a fé não funcionar *aqui*, não funcionará em lugar algum.

Será que a resposta da fé é de fato diferente da resposta do resto do mundo? Quero contar-lhe uma história que mostra como essa diferença é igual à que existe entre a noite e o dia. É a história de um homem extremamente solitário. Sua solidão era a mesma que todo mundo sofre, de uma forma ou de outra. Mas o que esse homem fez com ela, isso é que foi especial.

4

A dor da rejeição

Cem anos atrás, a experiência de desolação de um homem deu origem a um hino que tem sido, para mim e para muitos, um bálsamo do céu. George Matheson ficou cego pouco depois de ficar noivo. Sua noiva terminou o noivado.

Talvez não haja solidão mais amarga do que a rejeição. Depois de passar a sentir que não pode mais viver sem alguém, a pessoa não apenas deve aprender a viver sem ela, como ainda deve suportar pensamentos que dilaceram o coração, tais como: Você merece ser rejeitado. Você não é digno de ser amado. Você nunca será amado. Quem iria querer você? Você está condenado à solidão para sempre, e ninguém se importa.

Medo e raiva emergem. Se eu me voltar para Deus, *ele* pode me rejeitar. E, de todo modo, como seria capaz de me voltar para ele? Ele poderia ter evitado que isso acontecesse. O que mais ele pode fazer contra mim?

Chega-se à conclusão devastadora: *estou sozinho*.

A dor de Matheson, em vez de se transformar em amargo ressentimento contra a moça que a provocara, foi transformada. Totalmente *transformada*. Estas palavras profundas e simples mostram como isso aconteceu:

Esperança na Solidão

Amor, que nunca me abandonas,

em ti repouso a fraca alma;

devolvo a vida que te devo,

p'ra que torrentes de água viva

inundem o meu ser.

Ó Luz, que segues meu caminho,

a ti entrego a fraca tocha;

devolvo o brilho emprestado,

p'ra que o teu fulgor solar

alumbre o meu ser.

Prazer que vens mesmo na dor,

a ti não fecho o coração;

o choro dura a noite inteira,

mas sei que o pranto acabará

quando amanhecer.

Ó Cruz, que ergues minha cabeça,

não ousarei fugir de ti;

ao pó eu lanço minhas glórias

e vida eterna vejo, então,

da morte florescer.[4]

---

4 N. E.: Tradução livre do hino *O Love That Will Not Let Me Go*, por George Matheson (traduzido e metrificado em português: hino 171 do Hinário para o culto cristão e hino 27 da Harpa cristã).

O que, exatamente, Matheson fez? Ele entregou a sua vida, devolveu o seu brilho emprestado, abriu o seu coração, lançou ao pó a glória da vida. Isso significa rendição, a qual só pode vir com confiança.

Para George Matheson, sua cegueira e rejeição se mostraram verdadeiros instrumentos que iluminaram o amor de Deus. Talvez ele tenha feito a velha pergunta: *Por quê?*, mas a resposta de Deus é sempre *Confie em mim*. Matheson desviou seus pensamentos da mulher que havia perdido, das poderosas tentações da autocomiseração, do ressentimento, da amargura para com Deus, do ceticismo para com sua Palavra e do isolamento egoísta — tentações que poderiam muito rapidamente tê-lo vencido — e lançou a sua "fraca alma" a um amor muito maior, um amor que jamais o abandonaria.

Nas palavras "Devolvo a vida que te devo", Matheson entendeu que havia *algo que ele poderia fazer* com o seu sofrimento. Era a grande lição da cruz: rendição. Se Jesus estivesse indisposto a render-se ao pior crime da humanidade, a salvação humana teria sido impossível. No Calvário, porém, o Senhor de toda a terra se rendeu às mãos de homens maus. Contudo, paradoxalmente, ninguém tirou a sua vida. Ele voluntariamente a entregou, ofereceu-se ao Pai, "derramou a sua alma na morte", tornou-se pão partido e vinho derramado pela vida do mundo. Nós vivemos porque ele morreu. O poder da cruz não é uma isenção do sofrimento, mas a própria transformação do sofrimento.

O cristianismo não é uma apólice de seguro com cobertura completa. Jesus sofreu "não para que não sofrêssemos", escreveu George MacDonald, "mas para que nossos sofrimentos fossem como os dele".

❧ Esperança na Solidão ❧

A via sacra de George Matheson foi a desilusão amorosa. O poder de Deus poderia tê-lo poupado disso, mas seu amor preferiu dar-lhe algo muito mais precioso do que a felicidade que ele havia perdido — o óleo da alegria. Deus dá esse óleo àqueles que precisam, àqueles que choram. Em outras palavras, o seu preço é o choro. Se não houvesse entrado no deserto solitário, George Matheson não encontraria o doce tesouro divino. Você diria que o preço *disso* foi muito alto? Sua resposta depende de onde você põe o seu olhar — no que está perto ou no que está longe? Pense no que Matheson teria perdido. Pense no que o mundo teria perdido se ele houvesse recebido o tipo de felicidade que esperava. Quando aquilo lhe foi negado, ele aspirou a algo melhor. Deus nunca nos nega o desejo do nosso coração, exceto para nos dar algo melhor.

Nós entregamos nossa vida a Deus com muitas reservas, como se pensássemos que estamos prestes a perder tudo o que importa. Nossa hesitação é como a de uma minúscula concha à beira-mar, temendo renunciar à colher de chá de água que tem, como se não houvesse no oceano o suficiente para enchê-la outra vez. Perca sua vida, disse Jesus, e você a encontrará. Desista, e eu darei tudo a você. Pode a concha imaginar a profundidade e a plenitude do oceano? Podemos nós sondar as riquezas e a plenitude do amor de Deus?

Em sua cegueira, Matheson deve ter pensado muito a respeito da luz.

> Ó Luz, que segues meu caminho,
> a ti entrego a fraca tocha.

Uma tocha vacilante — deveria ele sacrificar sua única fonte de luz? Ele cede. Quando seu coração devolve o seu "brilho emprestado", o que acontece? No lugar de sua própria fraca tocha, ele recebe o "fulgor solar" de Deus.

Uma vez que ele já não tinha mais aquilo que havia desejado, a alegria de sua vida, em seu desespero clamou por outra alegria, pela própria fonte da alegria:

> Prazer que vens mesmo na dor.

Eu me pergunto se, vez ou outra, ele talvez tenha se sentido como eu me sinto às vezes: "não, não vou parar de me sentir miserável; ainda mais agora que Deus me tirou o que eu mais queria. Eu tenho o direito de sentir pena de mim mesma. Fui injustiçada. Vou recusar — pelo menos por algum tempo — qualquer oferta de consolo e cura. Não me venha falar de *alegria*. Ponha sal em minhas feridas. Deixe-me lambê-las um pouco".

Se algum desses pensamentos tão naturais houver penetrado a mente de Matheson, Deus o compreendeu, pois ele também fora feito homem. Em sua misericórdia, ele o ajudou a colocá-los de lado e a escrever:

> A ti não fecho o coração.

Essa é a resposta de um coração humilhado, que admite a sua pobreza, que reconhece o manso Amor que o espera, o Prazer que vai ao *seu* encontro exatamente por ele estar com tamanha dor que mal consegue ir atrás de outra coisa senão a morte. Então, embora seja cego, ele vê com os olhos da fé; e o que ele vê, através da névoa de suas lágrimas, é um arco-íris. Ele passa a crer que a promessa é verdadeira: lágrimas não duram para sempre. Haverá uma manhã sem elas. Sua fé se agarra à promessa e, misteriosamente, ele descobre que a dor fora trocada pela alegria. Se ele houvesse fechado o coração e alimentado seus sentimentos, talvez encontrasse uma felicidade miseravelmente escassa, mas perderia a alegria.

"Se Deus me ama, ele vai me fazer feliz". Bem, sim e não. Felicidade não é a melhor palavra. É alegria; algo muito melhor. Não um sentimento, não um mero "sentir-se bem", mas algo que jamais pode ser tirado.

Amor, Luz, Alegria. Há mais uma coisa que Deus — o Deus que é amor, Pai das luzes, fonte de toda alegria — quer lhe dar: a cruz. Será que ele vai aceitá-la? É sempre possível evitá-la; mas, ao fazê-lo, o resultado é uma perda infindável. Eis a resposta dele:

Ó Cruz, que ergues minha cabeça,
não ousarei fugir de ti;

Àquela altura, ele entende o que estaria rejeitando. Com as duas mãos, por assim dizer, ele a recebe, diz SIM, rende-se, lança tudo o que ama — "minhas glórias" — ao pó.

E o que acontece? Será este o fim da história? Não. Mil vezes não. Daquele pó estéril surge um milagre:

E vida eterna vejo, então,
da morte florescer.

5

Todos os meus desejos estão diante de ti

Numa noite no verão de 1949, eu estava sentada em um banco rústico ao lado do Monte Tabor, em Portland, Oregon. A uma distância respeitosa, sentado ao meu lado, estava o homem que eu amava e com quem ansiava de toda a alma me casar. Mais de um ano se passara desde que ele confessara seu amor por mim. Parecia que o trabalho missionário para o qual cada um de nós havia sido chamado poderia exigir que permanecêssemos solteiros.

Esse homem, como meu pai, amava tudo na criação de Deus, via nela a esmagadora evidência de seu poder e as generosas dádivas de seu amor. Nós nos deleitávamos juntos nela. Sentíamos uma brisa quente, cheia da calorosa fragrância dos abetos-de-douglas. As luzes da cidade piscavam abaixo de nós e, além delas, ao luar, erguia-se a majestade luminosa do Monte Hood.

"Feliz a raça dos homens, se aquele amor que governa os céus governasse o coração deles!", escreveu Boécio, no século V, da masmorra onde aguardava a própria morte. Eu queria ser governada por aquele amor, mas percebia em mim mesma o perigo de ser governada por um amor menor.

Embora eu não ache que a palavra tenha surgido em nossa conversa naquela noite, a ideia estava subjacente em tudo o que conversamos: solidão. Em breve, eu estaria voltando para casa, para Nova Jersey. Será que nos encontraríamos novamente? Quando? Onde? Ficaríamos solteiros para sempre? *Por favor, Senhor, não*, meu coração dizia; *eu vou morrer sem ele*. Na minha cabeça, eu sabia que o amor de Deus nunca me daria menos do que o melhor. Meu coração estava convencido de que o casamento com aquele homem era "o melhor" para mim, mas minha cabeça dizia que meu coração podia estar errado. Eu ainda queria o que Deus quisesse me dar — nem mais, nem menos, nem qualquer outra coisa. Estaria eu me enganando? Será que eu ainda me submeteria ao governo do amor que governa os céus?

Essas eram as coisas que se passavam pela minha cabeça. Eu, porém, guardei a maior parte delas para mim mesma, determinada a não revelar meus sentimentos a homem nenhum até que ele me pedisse em casamento — e, mesmo depois disso, estava determinada a ser extremamente cautelosa, pois um *strip-tease* emocional leva a um físico muito antes de estarmos preparadas para isso.

Jim me mostrou na Bíblia algo que eu não havia notado antes. Fiquei surpresa com aquilo.

"Cada um tem de Deus o seu próprio dom; um, na verdade, de um modo; outro, de outro".

Lá vem ele de novo, pensei, *citando as Escrituras*. Jim Elliot era uma Bíblia ambulante. Conhecia-a de trás para frente. Estava sempre martelando na minha cabeça versículos especialmente forjados para penetrar até a medula.

"Já pensou sobre este, Betts?", disse ele. "Ser solteiro é um dom. 'E aos solteiros e viúvos digo que lhes seria bom se permanecessem no estado em que também eu vivo' (1Co 7.7-8). Esse é o apóstolo Paulo falando".

Parecia que ele estava certo, mas aquilo não era muito palatável naquele momento. A solteirice, se era uma dádiva, não me apetecia. Eu tinha quase 23 anos; minhas amigas estavam se casando uma após a outra, e eu, apenas eu, estava sobrando. E aqui ao meu lado, nesta noite adorável, neste lugar idílico, sentava-se vivo e respirando — eu estava perfeitamente cônscia até mesmo da respiração dele —) o homem por quem eu daria qualquer coisa no mundo para ter como marido. Mas estava ele me pedindo em casamento? Nada disso. Ele estava me convidando a enxergar minha condição solitária como uma *dádiva*.

Meu chamado para o trabalho missionário era certamente uma dádiva. Era uma vocação e um privilégio. Mas o celibato? Essa era uma vocação para freiras. Eu dificilmente pensava naquilo como um privilégio; e quem, além das freiras, chamaria aquilo de dádiva? Se aquilo fosse qualquer dessas coisas para mim, eu esperava devotamente que não fosse para a vida inteira.

Anos antes daquela conversa no Monte Tabor, eu havia decidido que queria uma coisa acima de todas as outras: queria conhecer a Cristo. Aos 12 anos, eu já havia lido *O Peregrino*[5] e muitas histórias de missionários; e estava ciente de que essa ambição me custaria algo. Lentamente, comecei a aprender que Cristo só pode ser conhecido no caminho da obediência. "Aquele que tem os meus mandamentos e os guarda, esse é o que me ama; e aquele que me ama será amado por meu Pai, e eu também o amarei e *me manifestarei* a ele" (Jo 14.21, grifo acrescido).

A obediência prova o amor, e o amor abre o coração para o conhecimento. Não há um dia sequer que termine sem nos trazer novas oportunidades de conhecê-lo — se tão somente fizermos o que ele diz. É fácil concordar com o princípio quando ele é apresentado. Reconhecer nossa oportunidade de colocá--lo em prática é que não é tão fácil, especialmente quando essa oportunidade vem de uma forma desagradável. Esse enorme desejo não realizado — um meio para conhecer a Cristo? Eu não conseguia ver daquela maneira.

Para mim, "o caminho da obediência" significava uma vida missionária. Eu tinha certeza daquilo e abraçava a perspectiva com alegria. Meu entusiasmo não deixava de estar misturado com motivos ignóbeis — é bom pensar que você pode fazer algo para Deus e ser admirada por isso. Agora, porém, outra questão me incomodava: e se obediência significasse não apenas uma vida missionária, mas uma vida de missionária solteirona?

Caminhei lenta e silenciosamente para a cama naquela noite, para não acordar Jane, a irmã de Jim que dividia seu

---

5 N. E.: John Bunyan, *O peregrino* (São José dos Campos: Editora Fiel, 2018).

quarto comigo. Fiquei acordada, tendo um diálogo silencioso com o Senhor. Ele parecia estar perguntando:

"O que você deseja mais do que qualquer outra coisa no mundo?"

Jim Elliot era a primeira resposta que me vinha à mente, mas eu não tinha esquecido o meu compromisso de dez anos atrás (Deus me ajude, eu não poderia mudá-lo). Com a esperança de estar falando a verdade, respondi: "Conhecer-te, Senhor".

"Você quer a minha vontade, a qualquer custo?"

Eu precisava dizer a verdade, somente a verdade, nada mais que a verdade. Não é possível enganar a Deus. Mas a verdade para essa pergunta era "sim"? "Sim, Senhor".

Cerca de dois anos antes, quando ainda não sabia da atração de Jim por mim, eu havia escrito:

> Talvez a tua mão forte, Senhor, nalgum dia por vir,
> conduza-me até o lugar aonde devo ir
> sozinha, totalmente.
>
> Sozinha, mas por tua causa, ó Amante sem par!
> Ficarei satisfeita se puder enxergar
> Jesus somente.
>
> Não conheço o teu plano para os anos vindouros;
> meu espírito em ti encontra seu lar imorredouro,
> suficiência.

Esperança na Solidão

Senhor, diante de ti agora está o meu desejo todo. Guia-me, não importa o lugar, não importa o modo — confio em tua providência.

Da melhor forma que pude, mais uma vez lancei todos os meus desejos diante daquele por quem todos os desejos são conhecidos e de quem não se escondem segredos. No dia seguinte, embarquei em um ônibus para a Filadélfia sem nenhuma garantia de que veria Jim novamente.

6

O dom da viuvez

Por mais quatro anos após aquela noite no Monte Tabor, a solteirice foi o dom que Deus me deu. Como todos os seus dons, aquele era adequado à atribuição que ele me havia dado, e eu tentei recebê-lo com alegria. Embarquei sozinha em um cargueiro para o Equador, na América do Sul, estudei espanhol e depois fui trabalhar na selva ocidental, reduzindo à escrita uma língua indígena ágrafa. Jim estava fazendo um trabalho semelhante em outra tribo do outro lado dos Andes.[6]

Em 8 de outubro de 1953, foi-me dada uma nova atribuição e um novo dom. Era uma manhã brilhante na capital, Quito, a Cidade da Eterna Primavera. Eu estava quase explodindo de alegria ao encontrar, por acaso, um amigo missionário da selva ocidental. Ele conversou sobre os assuntos de que precisava cuidar naquele dia e depois perguntou: "E você, o que anda fazendo?".

"Bem", disse eu, "entre outras coisas, vou me casar esta manhã, às dez horas".

---

6 A história daqueles anos é contada nos livros: *Shadow of the almighty: The life and testament of Jim Elliot* (Nova Iorque: HarperOne, 2009), *These strange ashes* (Grand Rapids, MI: Fleming H. Revell, 2012) e *Paixão e pureza: aprendendo a deixar sua vida amorosa sob o controle de Cristo* (São José dos Campos, SP: Editora Fiel, 2021).

Esperança na Solidão

Eu estava prestes a me tornar a Sra. P. James Elliot. Que atribuição! Aquela seria a condição e o contexto da vontade de Deus para mim a partir de agora — e pelo resto da minha vida, eu pensava. "Até que a morte nos separe" parecia um longo tempo.

Mas não foi tão longo assim. Vinte e sete meses depois, foi-me dada uma nova atribuição.

Cinco esposas e nove crianças menores de sete anos esperavam em Shell Mera, Equador, por notícias de cinco homens que estavam no território de uma tribo de índios hostis, entre os quais esperavam fazer amigos e abrir caminho para o trabalho missionário. Havia-se perdido o contato por rádio. Os homens estavam desaparecidos.

A vida tinha que continuar. Hordas de pessoas haviam chegado para ajudar, e elas careciam de comida e de camas. Bebês tinham de ser alimentados, e centenas de fraldas precisavam ser trocadas e lavadas (não havia Pampers naquela época). Marj Saint, sempre eficiente, administrava tudo. Sua casa era o centro da Operação Auca. Seu marido, o piloto, estava desaparecido; ela permaneceu sentada ao rádio, hora após hora, esperando notícias das equipes de resgate. Enquanto ajudava as outras esposas com hóspedes e bebês, eu aproveitava cada momento livre para vasculhar minha Bíblia, em busca de promessas de que Jim voltaria. Encontrei uma, que esperançosamente apliquei à minha situação: "Jacó voltará e ficará tranquilo e em sossego" (Jr 30.10). Eu sabia que Jacó era a forma hebraica de James. A isso, acrescentei a oração do salmista: "Lembra-te da promessa que fizeste ao teu servo, na qual me tens feito esperar" (Sl 119.49), bem como o versículo que minha querida mãe espiritual, Mamãe Cunningham, sempre me dava em suas cartas: "E o Deus da esperança vos encha de todo o gozo e paz no vosso crer" (Rm 15.13). Eu estava montando um belo pacote para nele depositar a minha fé.

Esperamos, agarrando-nos com todas as forças a cada fragmento de esperança, qualquer um que fosse. Enfim, uma mensagem de rádio: "Um corpo avistado do avião".

"Espera, minha filha", escrevi em meu diário (citando a palavra de Noemi para Rute). E, mais uma vez: "Jacó voltará".

"Mais um corpo". "De quem?", queríamos saber. Não identificado.

A Força Aérea dos Estados Unidos enviou um esquadrão de resgate do Panamá. Enquanto o C-47 circundava o local, enviando-nos relatórios em Shell Mera via rádio, escrevi: "15h20. Também através dos teus juízos, Senhor, te esperamos; no teu nome e na tua memória está o desejo da nossa alma" (Is 26.8).

Os minutos eram como horas para nós. Dez minutos depois, anotei as palavras de Isabel à sua prima Maria: "Bem-aventurada a que creu" (Lc 1.45).

Mais meia hora se passou, arrastada. "16h. Ainda circundando. Espera em Deus, pois ainda o louvarei" (Sl 42.5).

Finalmente descobrimos. Os homens estavam mortos. Todos os cinco.

Esperança na Solidão

Eu não era mais uma esposa. Era uma viúva. Uma outra atribuição. Uma outra dádiva.

Não pense de modo algum que foi esse o pensamento que me ocorreu no instante em que a notícia chegou. Provavelmente, *Ah, Senhor!* era tudo o que eu conseguia pensar, atordoadas como todas nós estávamos.

Ao longo dos anos, um passo de cada vez, à medida que procurava sondar o mistério do sofrimento (o qual é impossível sondar), comecei a ver que há um sentido em que tudo é uma dádiva, até a minha viuvez. Espero poder explicar.

Não haveria viuvez se não houvesse morte. A Bíblia chama a morte de inimiga. Não haveria divórcio se não houvesse pecado. O pecado é inimizade contra Deus. Quando o pecado entrou no mundo por meio do que os teólogos chamam de a Queda do homem, a morte e todos os tipos de sofrimento vieram junto. Uma vez que Adão e Eva tomaram a palavra da Serpente ("É certo que não morrereis") como mais confiável do que a palavra de Deus ("Certamente morrerás"), eles comeram o fruto proibido. Essa Declaração de Independência, uma orgulhosa afronta contra o que haviam sido criados para ser, teve consequências que afetam todos os seres humanos que já viveram.

Mas Deus ainda nos ama. Sabemos disso porque a Bíblia assim nos diz. C. S. Lewis escreveu:

> [...] de modo terrível e surpreendentemente verdadeiro, somos objetos de seu amor. Você pediu um Deus amoroso: você tem um. O grande espírito que você

invocou tão levianamente, o "senhor de aspecto terrível", está presente: não uma benevolência senil que de modo sonolento deseja que você seja feliz de seu próprio modo, não a filantropia fria de um magistrado consciencioso, nem o cuidado de um anfitrião que se sente responsável pelo conforto de seus convidados, mas o próprio Fogo consumidor, o Amor que fez os mundos, persistente como o amor do artista por sua obra e despótico como o amor de um homem por um cão, providente e venerável como o amor de um pai pelo filho, ciumento, inexorável, exigente como o amor entre os sexos.[7]

Esse Amor inexorável me permitira ficar viúva. Mas "me permitira ficar" não é a expressão adequada. Agora, ela me soa até medíocre, pois o Senhor dos Exércitos é absolutamente soberano. Ele detém o poder sobre o universo, detém a autoridade sobre a minha vida — não porque usurpa os direitos que me concedeu na criação, mas porque eu lhe havia expressamente pedido que ele fosse o Senhor da minha vida. Tão fervorosamente quanto uma criança, uma adolescente e uma mulher podem orar, eu havia orado: *Faça-se a tua vontade*. A chegada dessa autoridade transcendente à vida de alguém está destinada a ser uma coisa ativa; às vezes, um imenso distúrbio.

---

7 C. S. Lewis, *The problem of pain* (New York: Macmillan, 1965), 35. A tradução em português é de C. S. Lewis, *O problema da dor*, trad. Francisco Nunes (São Paulo: Thomas Nelson Brasil, 2021, edição Kindle).

Esperança na Solidão

Aquela era uma dessas ocasiões. Deus havia feito mais do que apenas "permitir" que algo "acontecesse" comigo. Não conheço maneira mais precisa de colocar isso do que dizer que ele havia me dado algo. Ele me dera uma dádiva: a viuvez

Como posso eu dizer uma coisa dessas?

Deus não nos conduz imediatamente para a glória. Nós continuamos vivendo em um mundo fragmentado, sofrendo de uma forma ou de outra os efeitos do pecado — às vezes o nosso, às vezes o de outrem. No entanto, eu passei a enxergar até mesmo o sofrimento, pelo poder transformador da cruz, como uma dádiva. Afinal, neste mundo caído, *em* nossa tristeza, ele nos dá a si mesmo; *em* nossa solidão, ele vem ao nosso encontro, assim como veio a George Matheson como o Amor que nunca o abandonaria.

Em sua morte, Jesus Cristo nos deu vida. A disposição do Filho de Deus de se entregar nas mãos de criminosos tornou-se a maior dádiva já concedida — o Pão do mundo, por mercê partido. Assim, a pior coisa que já aconteceu no mundo tornou-se a melhor coisa que já aconteceu.

O mesmo pode acontecer conosco. Na cruz de Jesus, nossas cruzes se transformam em dádivas.

O Amor que nos chama à existência, que nos atrai para si mesmo, que nos torna sua noiva, dá a sua vida por nós e diariamente nos coroa de bondade e terna misericórdia. Tal Amor *nunca* — não importa o que sintamos em nossa solidão — nos abandonará. "Eu nunca [no grego, há cinco negativas diferentes aqui], nunca, nunca, nunca, nunca te deixarei nem te abandonarei" (cf. Hb 13.5).

Quando falo da "dádiva" da viuvez, não quero dizer que Deus nos tornou viúvas. Ele não inspirou os índios Auca a atirarem suas lanças, tampouco assegurou que elas, em seguida, atingissem o alvo. Ele não causa câncer nas pessoas, não faz com que um bebê nasça com deformidades nem persuade maridos e esposas a se divorciarem.

Esses são alguns dos males que resultam da decisão do homem de desobedecer. No Jardim do Éden, ele escolheu a morte, como Deus lhe havia dito claramente de antemão. Ainda somos igualmente livres para escolher, assim como são igualmente inexoráveis as consequências — mas *também assim é o seu amor.*

7

Sob a mesma direção

Dois dias após saber da morte de Jim, peguei minha filha Valerie e voltei para Shandia, nossa base missionária na selva.

O volume 6 do meu diário cobre todos os meses do casamento. É um volume pequeno. Era chegada a hora de iniciar outro. Não havia papelaria onde eu pudesse comprar um caderno, então peguei o velho bloco de folhas soltas que usara durante a faculdade e abri na última página usada, escrita no que era então o meu estilo habitual, repleto do inglês da Bíblia King James:

> Senhor, reconheço mais uma vez, com todo o meu coração, que *sou tua*. Não tenho nenhuma reivindicação sobre esta vida — passada, presente ou futura. Sou tua, completamente tua. Tu disseste: "Não temas, porque eu te remi; chamei-te pelo teu nome, *tu és meu* [...] eu serei contigo; [...] eu sou o SENHOR, teu Deus [...] eu te amei [...] [eu] sou contigo" (Is 43.1-5). Portanto, ó querido Senhor e Mestre, Redentor, Amante, Amigo, Amado

— faz tua completa vontade em minha vida daqui por diante, a qualquer custo, no tempo que me resta nesta terra. Quão curto isso será, não faço ideia, mas eu confio em ti. "Os teus testemunhos, recebi-os por legado perpétuo, porque me constituem o prazer do coração". "[Ele] *guardará* a tua alma" (Sl 119.111, 121.7).

Ao escrever aquilo no meu vigésimo quarto aniversário (eu agora tinha vinte e nove anos), não fazia a menor ideia de como aquela oração seria respondida.

Em Shandia, sentei-me na escrivaninha que Jim construíra no canto do nosso quarto, olhando através da tela para a pequena clareira, cercada por uma densa floresta. No quarto ao lado, Valerie dormia em uma pequena cama de madeira com um irregular colchão de algodão. Era o último móvel que Jim havia feito. Comecei a escrever na primeira página em branco do velho caderno de folhas soltas da faculdade:

> A vida começa um novo capítulo — desta vez sem Jim... Tenho relido porções da primeira parte deste caderno — é quase profético. Aqueles foram dias nos quais Deus estava me ensinando a encontrar satisfação nele mesmo, sem Jim. Mas sempre estava presente a esperança de que algum dia ele nos daria um ao outro. Ele o fez, em 8 de outubro de 1953. Dois anos e três meses juntos.

> Se tua casa ficar mais cheia, Senhor,
> por ficar um pouco mais vazia
> a minha casa na terra, que rica recompensa
> será tal galardão.
>
> – Amy Carmichael[8]

Essas palavras me ocorrem repetidamente. A paz que tenho recebido certamente excede todo entendimento.

Enquanto cuidava do meu trabalho em casa, na estação, com os índios, eu encontrava paz ao erguer os olhos para o Pai das luzes, de quem provém "toda boa dádiva e todo dom perfeito" (Tg 1.17).

Digo que encontrei paz. Não digo que não estava solitária. Eu estava — terrivelmente. Não digo que não estivesse de luto. Eu estava — muito dolorosamente. Mas a paz, essa paz que o mundo não pode dar, não vem pela remoção do sofrimento, mas de outra maneira — por meio da aceitação. Eu estava aprendendo que o mesmo Senhor, "em quem não pode existir variação ou sombra de mudança" (Tg 1.17), o mesmo Senhor que me dera a solteirice e o matrimônio como dádivas de seu amor, agora me concedia mais essa dádiva. Acaso eu iria recebê-la de sua mão? Acaso eu lhe agradeceria por ela?

Comecei a me aprofundar na lição dos tempos de faculdade — a de encontrar satisfação em Cristo, à parte do homem por quem eu ansiava. Aquela era uma dádiva que eu não poderia ter

---

8 Amy Carmichael, *Kohila* (London: Society for Promoting Christian Knowledge, 1939), 111.

recebido em nenhum contexto, senão na solidão de ser solteira. Agora que Jim estava morto, eu precisava reaprender a lição. Era mais difícil dessa vez, pois já não havia esperança de o ter comigo.

Agora, as palavras de Amy Carmichael — "um pouco mais vazia a minha casa na terra" — tinham um novo significado, pois eu tinha algo que não tive na época da faculdade: minha própria casa, a casa que Jim projetara e construíra, mobiliada com as peças bastante rudimentares, mas funcionais, que ele havia feito, cada canto impregnado de sua personalidade e presença. Agora, aquela casa parecia vazia — vazia, porém (nisso eu confiei e por isso orei), para que a casa do Senhor ficasse mais cheia. É claro que eu tinha minha bebê — uma dádiva indizivelmente adorável desde o momento em que chegara, e ainda mais preciosa agora como legado de Jim, como fruto do nosso amor; uma dádiva celestial de conforto e alegria. Se eu não tivesse ficado viúva, jamais teria visto minha casa ou minha filha sob essa mesma luz.

Acaso eu não havia pedido, acima de tudo, para conhecer a Deus? Ele vinha respondendo a essa oração o tempo todo — nos anos de solteira, nas bênçãos do casamento e da maternidade. Era hora de encontrá-lo no Vale da Sombra da Morte.

A viuvez me ensinou outro tipo de solidão. Minha vida social era basicamente limitada à amizade com os índios Quíchua. Eu jamais me encaixara perfeitamente entre eles, sendo tão incorrigivelmente branca, alta e estrangeira — mas eu estava acostumada àquilo e eles também. Todos nós considerávamos isso uma ótima fonte de diversão. Mas eu não me diverti tanto ao descobrir, nas raras ocasiões em que estive com outros missionários, que eu já não me encaixava entre eles também. De certa forma, todas as pessoas solteiras estão desajustadas na sociedade, do mesmo modo que alguém que perdeu a perna se torna deficiente. Deus planejou que todos os seres humanos tivessem duas pernas. Nós não as notamos quando as duas estão lá; mas, se uma está faltando, é perceptível.

O desígnio de Deus para homens e mulheres era o casamento; o pecado e a morte distorceram isso. A educação pública agora procura fazer da comunidade, e não da família, a unidade social básica, já que a "família" no sentido tradicional se tornou uma raridade. Ainda nos lembramos do que Deus planejou por família: uma mãe, um pai e os filhos que eles *juntos* trouxeram ao mundo. Esse tipo de família se tornou tão incomum que precisou receber um nome — a família "nuclear", que representa apenas uma pequena porcentagem do que a Receita Federal chama de lar.

Apesar desse moderno embaralhamento de normas ancestrais, encontros sociais ainda são frequentemente compostos pelo que nós — às vezes frouxamente — chamamos de casais. Como viúva, nunca gostei de segurar vela. Eu causava um certo desequilíbrio pelo simples fato de estar lá, mas essa era uma realidade com a qual eu tinha de aprender a lidar. Não era culpa de ninguém. Seria tolice protestar que as pessoas casadas deveriam *fazer algo* a respeito dos meus sentimentos. Muitas tentaram. No começo, todas eram a bondade encarnada, cercando-me, oferecendo-me todo o tipo de ajuda, convidando-me para sair. Muitas continuaram a ser gentis quando o chamado período de luto deveria ter acabado; mas não havia nada no mundo que elas pudessem fazer quanto ao fato de que eu já não era mais a metade de um casal.

Então, quem poderia fazer algo a respeito? Deus poderia, é claro, se quisesse me dar outro marido, mas eu não tinha o direito de esperar um milagre. Havia algo que eu pudesse fazer? Sempre há muitos conselhos à disposição sobre como agarrar um marido. Eu não planejei tentar. O que planejei fazer foi aceitar o lugar que Deus estava me dando. Como viúva, eu ainda era membro do mesmo corpo. Cristo era sua cabeça, e o grande propósito de Deus não havia sido alterado pelo fato de eu ter perdido um marido. Fazia parte do plano.

Assim como os *border collies* que minha amiga Vergil Holland treina para pastorearem ovelhas, eu não entendia o padrão. Os cães não fazem ideia do que o dono está fazendo com o rebanho. Eles só sabem de uma coisa: obediência. Eu me sentia confusa e insegura sobre o meu novo "lugar". Havia assuntos práticos que exigiriam muito aprendizado; por exemplo, como ser uma mãe solteira e como guiar a jovem igreja que Jim havia deixado para trás. Antes, meus deveres como esposa, mãe, professora e tradutora da Bíblia eram bem definidos, mas a lista havia se expandido consideravelmente.

Muitos anos atrás, meu pai era editor assistente de uma revista cristã da qual seu tio era editor. Quando tio Charlie morreu, meu pai ficou sobrecarregado com sua nova responsabilidade como editor. As palavras que meu avô lhe escreveu na época me foram de grande ajuda: "Ainda estamos sob a mesma direção".

Deus, em sua vontade soberana, me havia dado um novo lugar. Eu poderia aceitá-lo, com todas as suas novas responsabilidades e surpresas, certa de que "o Senhor é quem vai adiante de ti; ele será contigo, não te deixará, nem te desamparará; não temas, nem te atemorizes" (Dt 31.8).

Aquela forte promessa me animou. A direção sob a qual eu trabalhava não havia mudado. Para as demandas de cada dia, descobri que a velha regra, inscrita em uma antiga casa paroquial na Inglaterra, era minha salvação: *Faça a próxima coisa.* *Ao* tentar colocar essa regra em prática, calmamente assumindo cada dever como sendo a vontade de Deus para aquele momento, eu não mais me sentia desajustada.

8

Divórcio: a verdadeira humilhação

Entre as muitas cartas que recebi após a morte de Jim, uma veio de uma colega de faculdade dele, relatando-me como o seu marido (um missionário), certo dia, entrou na cozinha com as sacolas de supermercado, sacudiu-as no balcão, disse: "Estou deixando você", deu meia-volta e saiu pela porta. Ela queria me mostrar que existem maneiras muito piores de perder um marido do que a morte. Eu nunca tivera dúvidas quanto a isso.

O divórcio é uma coisa terrível. Eu poderia pensar que pessoas divorciadas odiariam o divórcio quase tanto quanto Deus, mas ele acontece o tempo todo, despedaçando famílias e vidas, instaurando o caos na igreja e na sociedade. Como eu não percorri esse caminho, pedi permissão para usar a seguinte carta de outra pessoa que passou por ele. Ela veio em um cartão no qual estavam impressas as palavras do Salmo 68.6, NVI: "Deus dá um lar aos solitários".

Certa noite, eu estava lendo os Salmos quando realmente enxerguei aquele versículo pela primeira vez. Ainda estava me acostumando à ideia de voltar para casa à noite e encontrar um apartamento vazio, e estava com mais medo do que gostaria de admitir. Não havia bilhetes me esperando quando eu abria a porta, nenhum sinal de vida e, o pior de tudo, ninguém estava me esperando. A ficha estava começando a cair: apesar de amigos e familiares que se importavam comigo, eu estava essencialmente *sozinha* pela primeira vez na vida.

Então, fiquei surpresa — até mesmo chocada — ao ver a minha situação bem ali, no papel. *Deus dá um lar aos solitários.* Como? Parecia-me uma afirmação bastante ousada. No entanto, eu sabia por experiência própria que Deus não faz promessas vazias.

Quando pensamos em estar solitários, geralmente queremos dizer que não há pessoas por perto; ninguém conosco, ninguém com quem conversar. Ou então descobrimos que as pessoas ao nosso redor "não estão na mesma sintonia" — elas não nos entendem, e isso pode ser pior do que não ter companhia alguma. Assim, em minha experiência, a solidão não é aliviada pela companhia de qualquer um. É preciso ser alguém especial — alguém que me compreenda, alguém capaz de ouvir e de *estar lá quando eu precisar dele*. Foi essa última parte que me forçou a encarar a profundidade da minha própria solidão. Dentre todos os meus amigos, ninguém podia estar comigo o tempo todo. E mesmo que pudesse, nenhum deles tinha o poder de fazer nada quanto à minha situação. Em última análise, esse era meu o problema.

No entanto, eis aqui a Bíblia dizendo que Deus poderia fazer algo a respeito da minha solidão. Na verdade, se você olhar para o resto do salmo, ele diz que Deus pode "fazer algo" a respeito de muitas coisas. Nada é difícil demais para ele. O salmista prossegue, elaborando a partir da história, o significado exato disso: Deus está sempre do lado do seu povo em sua luta pela sobrevivência; desde coisas portentosas, como o êxodo do Egito, à situação individual de órfãos e viúvas. Ele se preocupa com a justiça. Ele é cheio de misericórdia. O gigantesco escopo de seu poder nas questões globais não faz com que ele ignore nossas preocupações individuais. E ele veio à terra para provar isso. Por essa razão, ele pode compadecer-se das nossas fraquezas. Ele entende nossos sentimentos porque, sendo humano, também experimentou a solidão.

Aqui está uma pessoa que não apenas me entende, mas que me fascina — uma pessoa que me entusiasma conhecer. Cristo me tira do meu egocentrismo natural ao ouvir meus clamores e, então, mostrar-me o quadro mais amplo. Quanto mais eu o conheço, mais me interesso pelo que lhe interessa — mais eu vivo e anseio para que o seu reino venha, para que tudo seja feito na terra como é feito no céu.

À medida que se aproxima aquela época em que começamos a falar sobre voltar para casa para passar os feriados de fim de ano, essas coisas se tornam ainda mais reais para mim. Em última instância, onde fica a minha casa? Minha casa é onde Cristo está. Meu apartamento se tornou um lar porque eu o compartilho com Cristo. Ao me esforçar para torná-lo um lugar confortável para se estar, descobri novas maneiras de expressar o dom da hospitalidade que ele tem nutrido em mim ao longo dos anos. Deus me deu um lar para que eu pudesse compartilhar esse lar com outras pessoas.

"Deus dá um lar aos solitários" também pode ser traduzido assim: "Deus faz com que o solitário more em família". No último ano, conheci a realidade de uma família muito mais ampla do que a minha própria família natural, por mais queridos que eles sejam para mim. Minha família mais ampla é formada por aqueles que também conhecem a Cristo intimamente. São eles que ouvem meus clamores e, ao mesmo tempo, me encorajam a considerar questões maiores do que eu. São eles que Deus tem usado não apenas para aliviar minha solidão, mas para aprofundar o meu amor pelo reino. Ao encontrar o meu lugar de serviço na comunidade do povo de Deus, não sobra muito tempo para me sentir solitária!

Minha alegria tem se tornado menos dependente das minhas próprias circunstâncias imediatas e mais vinculada ao que Deus está fazendo. Por mais limitado que seja o meu entendimento agora, sei que ele é um Deus que nunca perde, um Deus que tomou sobre si a suprema humilhação e derrota e as virou do avesso. De alguma maneira, meus planos arruinados se encaixam em seus planos mais abrangentes. E assim, nos momentos em que sou forçada a encarar a minha própria solidão, descubro que na verdade não estou nem um pouco sozinha!

É bom ouvir as mesmas coisas ditas por mais de uma testemunha. Fico muito feliz pelo fato de a carta de Bonnie ter chegado a tempo de ser incluída aqui. Ela e eu temos lido o mesmo Livro e descoberto que sua verdade é transformadora. Deus é perito em "virar tudo pelo avesso".

Isso ilustra exatamente o que quero dizer sobre a dádiva da solidão. A de Bonnie se tornou não apenas uma dádiva para ela (veja os ganhos espirituais), mas, como todas as dádivas de Deus, tornou-se uma dádiva para o resto de nós — aqueles que compartilham sua hospitalidade, por exemplo, e aqueles a quem ela agora pode consolar, incluindo você e eu. Ela testifica que não tem mais muito tempo para preocupar-se com a solidão, uma corroboração atual das palavras de Paulo aos cristãos romanos:

> E não somente isto, mas também nos gloriamos nas próprias tribulações, sabendo que a tribulação produz perseverança; e a perseverança, experiência; e a experiência, esperança. Ora, a esperança não confunde [...].
>
> Romanos 5.3-5

Se Deus houvesse eliminado o problema, teria eliminado o tipo particular de bênção que esse traz consigo. Se Bonnie não houvesse encarado seus problemas com o espírito correto, ela teria perdido aquela bênção. Pela aceitação, ela estava harmonizando sua vontade com a dele, disposta a cooperar, disposta a se colocar sob o seu jugo. Parece-me que ela está realmente descobrindo que o jugo de Deus, tão penoso quando carregado sozinho, é leve. Ela descobriu que a aceitação traz a paz.

9

Um amor tão forte que machuca

A perda de alguém que amamos, seja pela morte ou de outra maneira, nos leva à beira do abismo do mistério. Se nos debatermos — como muitos de nós somos forçados a fazer — com a questão de Deus neste assunto, somos obrigados a perguntar por que ele reputou necessário retirar-nos tão bela dádiva. Não chegaremos a uma resposta exaustiva, mas certamente uma resposta é a necessidade de sermos lembrados de que, onde quer que esteja o nosso tesouro, ali estará também o nosso coração. Se todos os nossos ovos estão postos na cesta da vida terrena e das afeições terrenas, não nos sobra muito quando a cesta cai. Os cristãos, sendo cidadãos de outra pátria, súditos de um Rei celestial, devem colocar suas afeições lá, e não aqui — uma lição que poucos aprendem sem angústia mortal.

O amor de Sheldon Vanauken por sua esposa Davy, como ele escreve em *A Severe Mercy* [Uma misericórdia severa], era um amor que o consumia — apaixonado, romântico e, como seu amigo C. S. Lewis lhe indicou, egoísta. Antes de se tornarem cristãos, uma visão míope da felicidade levou-os a excluírem todos os demais, a ponto de Vanauken recusar-se até mesmo a permitir que filhos "estragassem" o que ele e Davy tinham. Quando se tornaram cristãos, ele começou a sentir que ela era "mais santa do que o necessário" e a ver a Deus como seu rival. Certa noite, em oração, Davy ofereceu a própria vida pelo seu marido, para que a alma dele fosse satisfeita.

Acaso eles não tinham tudo o que alguém poderia pedir para encontrar *satisfação*? Davy sabia que não. Ela havia encontrado a sua satisfação em Cristo e desejava que seu marido também encontrasse ali a sua própria. Davy fez uma oração drástica e sabia que aquilo lhe custaria algo. E assim foi. Deus aceitou a sua entrega e, um ano depois, ela morreu.

Uma resposta de oração estranha, diriam alguns. O fim de um casamento "perfeito". Finalmente despojado do objeto de uma paixão que excluíra tudo o mais, Vanauken encontrou, por meio de muita angústia, a satisfação pela qual Davy havia orado. A morte dela foi o que seu amigo Lewis chamou de uma misericórdia severa.

Será que, às vezes, Deus arranca-nos o nosso amor pelo fato de amarmos demais? Eu não penso assim. Certamente é impossível amar "demais", pois o amor vem de Deus, que é amor. Geralmente, nós amamos pouco demais, e com um amor sentimental demais. Nosso amor, embora seja dado por Deus, geralmente vem misturado com possessividade e egoísmo. Ele precisa ser fortalecido e purificado. O amor humano é muitas vezes desmesurado, o que significa desordenado, desregulado, desenfreado, não circunscrito aos limites habituais. Se amamos alguém mais do que amamos a Deus, isso é pior que um amor desmesurado — é idolatria. Quando Deus está em primeiro lugar em nosso coração, todos os outros amores estão em ordem e encontram seu devido lugar. Se Deus não é o primeiro, outros amores, mesmo aqueles que não são sexuais em nenhum sentido, facilmente se transformam em autogratificação e, portanto, destroem tanto quem ama quanto quem é amado.

Vanauken havia construído um mundo para si mesmo e para a mulher que amava e, em torno desse mundo, ergueu o que eles chamavam de A Barreira Cintilante. Deixando tudo o mais do lado de fora, eles estavam determinados a fazer as coisas funcionarem do jeito deles. Era uma estrutura rígida, perigosamente sustentada e, quando Cristo entrou em suas vidas, ela se despedaçou. "Todo o que cair sobre esta pedra ficará em pedaços; e aquele sobre quem ela cair ficará reduzido a pó" (Lc 20.18).

Lewis ajudou Vanauken a enxergar que sua agonia era, ela mesma, uma misericórdia de Deus.

Em sua misericórdia, Deus permanece em silêncio e nos permite agonizar. Simplesmente não conseguimos nos voltar para ele até que não tenhamos mais para onde correr. O poema de Francis Thompson, "The Hound of Heaven"[9] [O cão de caça do céu], descreve a tentativa de um homem solitário de fugir de Deus e encontrar consolo em outro lugar.

> Dele fugi, noites e dias adentro;
> dele fugi, pelos arcos dos anos;
> dele fugi, pelos caminhos labirínticos
> de minha própria mente; e na névoa de lágrimas
> dele me escondi [...].

---

9 N. E.: Francis Thompson, *The Hound of Heaven*. (London: Burns, Oates & Washbourne LtD, 1893).

Esperança na Solidão

Ele tentou o amor romântico, tentou o amor dos filhos, tentou a natureza, enquanto...

> Contudo, com perseguição desapressada
> e ritmo imperturbável,
> velocidade premeditada, majestosa iminência,
> aproximavam-se os Pés que seguiam [...].

Finalmente, o Cão de Caça o persegue até a terra. Ele ouve uma voz ao seu redor, "como um mar revolto", que diz:

> Tudo o que arranquei de ti, fi-lo
> não para teu prejuízo, mas para que assim
> em meus braços o buscasses;
> tudo o que teu engano infantil reputa perdido,
> tenho-o guardado para ti em casa;
> levanta-te, segura minha mão e vem!

"Não para teu prejuízo". Como um hábil cirurgião, Deus pode ter de nos machucar, mas ele nunca vai nos causar dano. Seu objetivo é a plenitude.

"Guardado para nós em casa". Tudo o que perdemos? Ou será que apenas reputamos ter perdido? Como isso é possível?

Talvez não façamos muitas perguntas sobre os *comos* do trabalho secreto de Deus. Considere esta lista de perguntas:

- Pode Deus preparar uma mesa no deserto?
- O teu Deus foi capaz de salvar-te dos leões?

+ Podem esses ossos tornar a viver?
+ Como o Senhor salvará Jerusalém?
+ É assim que tu cuidas da viúva?
+ Para que lado devemos seguir?
+ Por que continuar esperando que ele venha em nosso auxílio?
+ Onde podemos comprar pão?
+ Como pode um homem nascer de novo, sendo velho?
+ Como podes me dar água viva?
+ Como esse homem pode nos dar de sua carne para comer?
+ Como esse homem indouto é capaz de ensinar?
+ Que proveito tem isso para tamanha multidão?
+ Quem há de rolar a pedra?[10]

Podemos acrescentar a nossa própria grande questão sobre *como* Deus tem tudo guardado para nós em casa. Se foi um filho que morreu, a resposta pode não parecer muito difícil — a criança está no céu. Mas o que dizer de outras perdas?

A Bíblia é um livro sobre os misteriosos caminhos de Deus para com diversos indivíduos. Ela nos mostra, em cada página, que existe alguém no comando. Mesmo quando somos leitores fiéis e crentes professores na Bíblia, temos a tendência de descartar a possibilidade de mistério em nossa própria vida com comentários do tipo: "Ah, mas isso foi naquela época". Jesus Cristo é o mesmo. Ontem. Hoje. Eternamente. Temos

---

10 Veja Lucas 20.18; Daniel 6.20; Ezequiel 37.3; 2Reis 18.35; 1Reis 17.20; 2Reis 6.15, 6.33; João 6.15, 3.4, 4.11, 6.52, 7.15, 6.9; Marcos 16.3.

inúmeras promessas de que a história não se resume ao que podemos ver. É no invisível que tudo finalmente se descortinará.

"Porque a nossa leve e momentânea tribulação produz para nós eterno peso de glória, acima de toda comparação, não atentando nós nas coisas que se veem, mas nas que se não veem; porque as que se veem são temporais, e as que se não veem são eternas" (2Co 4.17-18).

Como podemos ter certeza de que a palavra "não para teu prejuízo" é verdadeira? Como atentaremos nas coisas que não se veem? Não há resposta senão a fé, fé no caráter do próprio Deus. Essa, e nenhuma outra, é a âncora que fixa nossas almas.

10

A morte é um novo começo

Minha amiga Kathy acabou de casar sua segunda filha. Ainda tem mais uma em casa. Sua maneira de enfrentar a solidão do "ninho vazio" é radicalmente diferente do comum. Ela me escreveu o seguinte:

> Apesar de agora parecer muito doloroso e comovente que Amy estará em casa conosco por apenas mais um ano, eu *sei* que naquele momento haverá graça suficiente e um novo conjunto de ordens de marcha. E isso dá muita esperança, pois *podemos confiar naquele que fez a promessa*!

A promessa a que Kathy se refere, é claro, é a Palavra de Deus a Paulo: "A minha graça te basta, porque o poder se aperfeiçoa na fraqueza" (2Co 12.9). E um novo conjunto de ordens de marcha. É isso o que sempre acompanha qualquer tipo de perda — a mãe que perde seu filho; a esposa, seu marido; o amante, sua amada; um homem que perde seu emprego, sua saúde, sua autoestima, seu lar — se tão somente tivermos ouvidos para ouvir essas ordens e olhos para ver o ganho que Deus pretende extrair de nossa perda. Mesmo quando a tribulação tapa os nossos ouvidos e turva a nossa visão, ele continua trabalhando em segredo e talvez apenas anos depois revele o que, então, não tínhamos fé suficiente para receber.

"Não quero perder uma lição sequer", escrevi algumas semanas depois da morte de Jim.

> Contudo, descubro que acontecimentos não mudam almas. É a nossa reação a eles que finalmente nos afeta. Descubro que, embora eu esteja em um novo lugar de rendição perante aquele que planejou isso para a minha vida, ainda há pequenas coisas que se colocam entre mim e ele — coisas que são grandes aos seus olhos: falta de paciência com os índios, preguiça dentro de mim, falta de disciplina para preparar-me adequadamente para a escola [aulas de alfabetização que eu estava dando a meninas Quíchua] etc.

Dois dias depois:

> Fiquei tão impaciente com as meninas na escola que tive de sair por um momento e escrever uma carta, só para esfriar a cabeça. Em seguida, à tarde, havia a aula de instrução para os que ministram na reunião das crianças. Sinto-me impotente sem Jim — ele sempre ministrou àquela classe. Milhares de pequenas coisas surgem constantemente: gasolina para as lâmpadas — onde ele a guardou? Alguém invadiu o depósito — o que foi roubado? Não sei o que havia lá. Hector [professor da

escola indígena] veio falar sobre seu salário — um negócio tão complicado, não estou entendendo nada.

Incluo esses registros, que representam muitos outros semelhantes, para mostrar que, embora minhas ambições espirituais fossem altas, a dádiva da viuvez certamente não me catapultou à santidade. Posso olhar para trás e ver que o Espírito de Deus não interrompeu sua obra em mim — sua obra na alma é muitas vezes "imperceptível", algo oculto como o fermento. Embora entendesse que em tão grande perda Deus certamente teria em mente algum grande ganho, eu não era santificada o suficiente (nem de longe) para sempre enxergar as pequenas e agudas provações diárias como minhas "ordens de marcha", o próprio processo através do qual o grande ganho de Deus seria alcançado. Eu deveria *marchar*, não pular e saltitar. Era esquerda, direita, esquerda, direita.

Acordar de manhã sempre era a pior hora — *"Puxa vida, mais um dia sem ele!"* era o meu pensamento. Então, vinha o lembrete amoroso do Senhor, nas palavras de um antigo hino:

> A sós contigo, quando raia a aurora,
>
> quando a noite já se dissipou;
>
> mais doce que o despertar do dia
>
> é saber que contigo eu estou.[11]

Harriet Beecher Stowe

---

11 N. E.: Tradução livre de parte do hino *Still, Still with Thee*, por Harriet Beecher Stowe.

A consciência de sua presença nunca me parecera, de um modo específico, "mais doce que o despertar do dia". Agora, por causa da morte, parecia.

A morte é um novo começo. O precioso livro de Lilias Trotter, *Parables of the cross* [Parábolas da cruz], ilustra esse misterioso princípio com aquarelas de flores e vagens de sementes. Ao lado da pintura de um cálice que perdeu todas as pétalas, ela escreve:

> Observe a expressão de abandono neste cálice de rosa silvestre, à medida que o tempo passa e ele começa a crescer para o fim pelo qual teve de considerar tudo como perda: a aparência de taciturno vazio se foi — ele agora se reergue alegremente, pois com a nova morte, simultaneamente, uma vida mais plena começou a operar em seu interior — tanta morte, tanta vida — pois...
>
> "É sempre com a morte que se tece
> a trama e a urdidura do universo".
>
> [...] O receptáculo começou a se formar; ele "se rende para dar fruto".
>
> A morte há de ser mais e mais profunda, pois mais ampla e mais plena é a vida que há de ser liberada — não mais limitada pelo estreito alcance do nosso próprio ser, mas com infinitos poderes de multiplicação em outras almas. A morte deve alcançar as próprias nascentes da nossa natureza para libertá-la: já não é de uma coisinha ou outra que devemos abrir mão; é a cega, desamparada e ousada entrega do nosso próprio ser. A morte deve sobrevir a *tudo* que seja um obstáculo à obra de Deus por nosso

intermédio — todos os interesses, todos os impulsos, todas as energias que são "nascidas da carne" — tudo o que for meramente humano e separado do seu Espírito.[12]

"A morte há de ser mais e mais profunda". A linguagem soa mórbida, palavra de origem latina que se refere à doença e está relacionada ao verbo "morrer". Porém, longe de ser uma coisa doentia e perniciosa, o significado espiritual da morte que o livro de Trotter ilustra é, na verdade, o maravilhoso manancial de saúde, bem-estar, vitalidade e *vida*. A solidão é um tipo de "morte" sobre a qual a maioria de nós aprende, mais cedo ou mais tarde. Longe de ser algo "ruim" para nós, um obstáculo ao crescimento espiritual, ela pode ser o meio pelo qual desabrocham "flores" espirituais que até então permaneciam em botões. A beleza totalmente desabrochada da rosa silvestre, sua própria "plenitude", depende de ela continuamente morrer e reviver. A morte da semente que cai no solo produz um novo ciclo de vida — o pequeno broto verdejante, o caule, o botão, a flor. A flor deve morrer para produzir o fruto. A fruta morre para permitir que a semente caia no solo outra vez. A semente morre e há um novo começo. Nada é jamais desperdiçado. Folhas mortas, carne morta, resíduos naturais de todos os tipos enriquecem o solo. Na economia de Deus, quer ele crie uma flor ou uma alma humana, nada jamais é em vão. As perdas são sua forma de produzir os ganhos.

---

[12] Lilias Trotter, *Parables of the Cross* (London: Argel Mission Board and North Africa Mission, 1964), 24-25.

Esperança na Solidão

A mesma mente que desenhou os ciclos da vida da semente também desenhou o contínuo ciclo de morte e vida de cada ser humano. Nossas vidas não poderiam começar sem que nossas mães doassem vida. Em algumas línguas, diz-se que a mulher, ao parir, dá à *luz*. No entanto, essa iniciação na vida e na luz é em si mesma uma experiência de morte — morte para a mãe, que põe a sua vida em risco para dar à luz seu filho; e morte para a criança, que deixa a segurança e o calor do útero para fazer uma passagem terrível a um mundo frio e desconhecido.

Cada passagem é uma morte e uma nova vida. Quando a criança é desmamada, ocorre a separação da única fonte de conforto e nutrição que ela até então conhecia. De repente, ela está *sozinha*. O mesmo ocorre com a mãe, na medida em que vivencia a primeira separação do seu bebê, o qual até então era íntima e fisicamente uma parte dela. O desmame é, portanto, uma morte para o bebê e para a mãe.

Ao aprender a andar, a criança se afasta de sua mãe. Ao entrar na escola, termina o tempo da liberdade desmedida e da segurança do lar. A criança descobre o que é solidão — e a mãe também, pois, embora sinta que aquilo é para ela o início de uma nova liberdade, também não pode deixar de perceber que perdeu o seu bebê.

A puberdade, o prenúncio de uma nova vida de paternidade e maternidade, é a morte para a velha vida infantil. Aos doze anos, Jesus rompeu um elo com seus pais para tratar dos negócios de seu Pai. Para ele, o tempo da falta de responsabilidade terminara (será que aqui há uma lição para os adolescentes e seus pais? Quanto tempo pode durar a diversão?). Quando Amy for para a faculdade, sua mãe vai "perder o bebê dela" mais uma vez, como Kathy descreve em sua carta.

Em inglês, cerimônias de formatura são chamadas de *commencements* — literalmente, "princípios". Eles celebram tanto uma conclusão quanto um começo. Tornar-se um jovem adulto é começar uma nova vida, avidamente acolhida, mas raramente iniciada sem uma pontada de nostalgia, sem falar nas hesitações quanto ao futuro. Portanto, é também uma morte. A pessoa fica abalada ao perceber que não é mais protegida e cuidada, ao perceber que agora está por sua própria conta e, portanto, tem obrigações que jamais tivera antes. Ocorre-lhe, por exemplo, que ela é solteira, embora esse sempre houvesse sido o seu estado civil. O que isso significa? Morte para a sua própria vontade, uma nova vida de aceitação do sofrimento, uma séria busca da vontade de Deus em relação ao casamento.

Em nenhum outro lugar o ciclo de vida e morte é mais óbvio do que no casamento. Embora os noivos, consumidos pela alegria, possam muito bem sobreviver à cerimônia sem lágrimas, os pais frequentemente não conseguem. Os recém-casados estão concentrados na nova vida. Os pais estão concentrados na vida que terminou. Entretanto, não demora muito depois do casamento para o jovem casal descobrir que ele é tanto uma nova vida quanto uma morte inesperada. Nesse instante, cada um provavelmente sente que um terrível erro foi cometido. O casamento é a morte da privacidade, da independência, do lar e da família da infância; é a morte das decisões unilaterais e da noção de que só existe uma maneira de fazer as coisas; é a morte do ego. Quando essas pequenas mortes são aceitas com alegria e de todo o coração, uma nova vida — a glória do amor sacrificial que conduz à perfeita união — é inevitável.

Então, no curso normal das coisas, segue-se a paternidade e a maternidade, repleta de alegria e dor. Uma nova vida, assim como uma radicalmente nova entrega de vida têm início — por meio de todos os sacrifícios e sofrimentos que acompanham o nascimento, o desmame, a criação, a escola, a puberdade, a adolescência, o casamento, cada um com um tipo diferente de solidão. Assim, o ciclo continua — vida que vem da morte, ganho que vem da perda.

Assim é a vida crucificada. A cruz é um sinal de perda — perda vergonhosa, humilhante, abjeta, absoluta. No entanto, foi a perda de Jesus que significou ganho celestial para o mundo inteiro. Embora protegido em um túmulo com uma pedra pesada, um selo e guardas a postos, Jesus não pôde ser detido pela morte. Ele saiu da sepultura como a Morte da Morte e a Destruição do Inferno.

Sua morte foi um novo começo. Quem aceita essa verdade recebe não apenas a promessa do céu, mas a possibilidade do céu na terra, onde o Cristo ressurreto caminha conosco, transformando, se assim o permitirmos, até um ninho vazio.

O preço é ultrajante

Enquanto escrevo isto, estamos no inverno. Minhas caminhadas à tarde me conduzem por uma estrada costeira ladeada por roseiras silvestres e plantas trepadeiras. As trepadeiras carregam seus pequenos frutos de casca grossa, laranjas e amarelos. As roseiras são secos arbustos amarronzados de espinhos cruéis e flores ressequidas. Em tudo isso vejo a beleza bruta para a qual Lilias Trotter abriu meus olhos — os sinais de morte, que pressagiam os sinais de vida.

Usando outra metáfora em seu livro *The Mirror of the Sea* [O espelho do mar], Joseph Conrad vê a morte como um desembarque e um embarque, uma chegada e uma partida — as duas coisas que marcam o rítmico vai-e-vem da vida de um marinheiro, bem como da carreira de um navio. Ao descrever sua última visita a um antigo capitão que estava à beira da morte, ele escreve:

> Observei que seus olhos cansados encaravam fixamente o horizonte, como se nada houvesse entre ele e a linha reta de mar e céu, onde um marinheiro, seja lá o que

estiver buscando, é o primeiro a avistar. Porém, também vi seus olhos fitarem afetuosamente os rostos no quarto, os quadros na parede, todos os objetos familiares daquela casa, cuja lembrança nítida e firme certamente reluzia em sua memória em tempos de estresse e ansiedade no mar. Estaria ele em busca de um estranho desembarque, ou, com uma mente despreocupada, estaria tomando o rumo de sua derradeira partida? É difícil dizer, pois, naquela viagem da qual nenhum homem retorna, desembarque e partida são instantâneos, fundindo-se em um único momento de suprema e derradeira atenção.[13]

A solidão, como já observamos, é uma espécie de morte. Se pensarmos a respeito dela com os olhos do velho capitão do mar, talvez possamos enxergá-la como uma saída e uma entrada simultâneas. A solidão da viuvez era uma saída dos confortos e consolos de ter um marido, assim como uma entrada no estranho mundo de ter que voltar a tomar decisões unilaterais e aprender a dizer "eu" em vez de "nós". Com a graça de Deus e o passar do tempo (também uma de suas graças), fui me acostumando àquele mundo. Mas aquele não era o fim da história de Deus. Quando me apaixonei por meu atual marido, Lars Gren, senti-me sozinha mais uma vez. Não ficamos separados por muitos anos como sucedera comigo e Jim, mas eu sentia saudades dele. De repente, a casa em que me acostumara a morar sozinha parecia vazia.

---

13 Joseph Conrad, *The mirror of the sea* (Garden City, NY: Doubleday, Page, and Co., 1916), 16-17.

Então, nós nos casamos. Como já observamos, o casamento também é uma morte — um desembarque e uma partida, um lançamento rumo a profundezas desconhecidas para as quais precisamos de mapas e bússolas. Quem sabe o que está reservado para um homem, quando ele se apresentar na cerimônia de casamento, "diante de Deus e destas testemunhas", e for instado a jurar "como quem há de prestar contas no terrível dia do juízo, quando os segredos de todos os corações serão revelados"? Ele faz prodigiosas promessas de "amá-la, confortá-la, honrá-la e mantê-la na saúde e na doença; e, renunciando a todas as demais, guardar-se apenas para ela", enquanto ambos viverem. Será que ele sabe o que está dizendo ao tomá-la como sua esposa, "para tê-la e mantê-la deste dia em diante, para o bem ou para o mal, quer ricos ou pobres, na saúde e na doença, para amá-la e estimá-la, até que a morte os separe"? E se a porção deles não for o bem, a riqueza ou a saúde, mas o mal, a pobreza e a doença? Será então que ele terá permissão para abandonar seus votos? Jamais. Foi por isso que ele fez *votos*, não meras promessas. Não há cláusulas em letras miúdas nem condições anexas.

Quando meu amado tio Tom estava em seus oitenta anos, lutando contra o seu próprio câncer, ele cuidou de tia Dot, sua esposa, sendo seu enfermeiro vinte e quatro horas por dia durante quatro anos, os últimos anos da vida dela. Quando ela morreu, eu lhe disse o quanto admirava a sua disposição em fazer aquilo. Eu disse que não achava que muitos homens teriam feito o que ele fez, e que eu achara aquilo maravilhoso.

"Maravilhoso?", disse ele. "O que há de maravilhoso nisso? É o que eu prometi fazer, não é?" Que grande coração!

Quem sabe no que está se metendo quando decide seguir a Cristo sem olhar para trás? Cristo, como o noivo, sacrifica tudo. A antiga cerimônia de casamento (agora tristemente alterada) exige que o homem diga: "Com este anel me uno a ti; com meu corpo te venero; e todos os meus bens terrenos te confiro". Ele está prometendo tudo o que é, tudo o que tem. Deus faz o mesmo. "Tudo é vosso [...] e vós, de Cristo, e Cristo, de Deus" (1Co 3.21, 23).

O discipulado é exatamente como o casamento, em muitos aspectos. Tanto no Antigo quanto no Novo Testamento, o relacionamento profundamente íntimo entre Deus e o seu povo é representado pela analogia do noivo e da noiva. O profeta Isaías diz a Israel: "Porque o teu Criador é o teu marido, o Senhor dos Exércitos é o seu nome [...]. Porque o Senhor te chamou como a mulher desamparada [...]; como a mulher da mocidade, que fora repudiada" (Is 54.5-6). O apóstolo Paulo usa o relacionamento matrimonial para expressar o amor de Cristo por sua noiva — a autoridade de Cristo e a submissão da igreja. No livro do Apocalipse, um dos sete anjos diz a João: "Vem, mostrar-te-ei a noiva, a esposa do Cordeiro" (Ap 21.9). O Livro de Oração Comum fala do matrimônio como "um estado honroso, instituído por Deus, significando para nós a união mística que há entre Cristo e sua Igreja".

Cristo já nos deu tudo, ao entregar a si mesmo por nós. Em troca, ele nos pede tudo — não deve haver espaços reservados, nenhuma ressalva secreta, nenhuma insistência em direitos individuais, nenhuma cláusula de salvaguarda. A noiva, na antiga cerimônia, promete não apenas ter, manter, amar e estimar, mas também *obedecer*, "conforme a santa ordenança divina". De onde as mulheres tiram a ideia de que podem omitir isso?

A obediência é parte do fardo do amor — tanto para um discípulo quanto para uma esposa.

Um discípulo também é um soldado. Em suas *Spiritual Letters* [Cartas espirituais], Père Didon escreveu:

> Não quero pessoas que me sigam com certas reservas mentais. Na batalha, precisa-se de soldados que nada temem. As estradas são esburacadas e os precipícios são íngremes; pode haver sensações de vertigem nas alturas, rajadas de vento, estrondos de trovões, águias ferozes, noites de terrível escuridão; nada temais! Há também as alegrias da luz solar, flores tais como não se encontram em lugares baixos, o mais puro dos ares, recônditos de descanso; e ali as estrelas sorriem como os olhos de Deus.[14]

Jesus nunca seduziu discípulos com propaganda enganosa. Certa vez, quando grandes multidões o seguiam, ele se voltou para elas e disse: "Se alguém vem a mim e não aborrece a seu pai, e mãe, e mulher, e filhos, e irmãos, e irmãs e ainda a sua própria vida, não pode ser meu discípulo. E qualquer que não tomar a sua cruz e vier após mim não pode ser meu discípulo" (Lc 14.26-27).

---

14 Pere Didon, *Spiritual letters*, conforme citado em Amy Carmichael, *Gold cord* (London: Society for Promoting Christian Knowledge, 1932), 58-59.

Com condições assim, jamais houve naquela época uma debandada de gente a segui-lo. Não é provável que haja uma hoje em dia. Os requisitos não foram modernizados, como fizeram aos votos de casamento. Pelo contrário, os requisitos para o discipulado são muito parecidos com os antigos votos de casamento: impossíveis.

Jesus salientou tal impossibilidade ao falar sobre um homem que calculava o custo de construir uma torre, bem como um rei que tinha um exército de dez mil homens. "Poderá enfrentar o que vem contra ele com vinte mil?", Jesus pergunta.[15] M. Maritain escreve o seguinte:

> Isto significa que, antes de começar a trabalhar para Deus e lutar contra o diabo, primeiro calcula as tuas forças; e, se te consideras bem equipado para começar, és um tolo, pois a torre a ser construída custa um preço exorbitante; e o inimigo vindo ao teu encontro é um anjo diante de quem tu és desprezível. Conhece-te a ti mesmo tão bem que não consigas contemplar-te sem vacilar; então, haverá espaço para esperança. Somente com a firme certeza de que és ordenado a fazer o impossível e de que podes fazer o impossível naquele que te fortalece, é que estás pronto para uma tarefa que só pode ser realizada por meio da cruz.[16]

---

15 Veja Lucas 14.31.
16 Citado em Gerald Vann, *The son's course* (Glasgow: Collins, 1960), 128.

Será que Jesus está disposto a fazer algum tipo de acordo com recrutas em potencial? Será que dispensará alguns dos requisitos? Não. Ele acrescenta mais um: "Assim, pois, todo aquele que dentre vós não renuncia a tudo quanto tem não pode ser meu discípulo" (Lc 14.33).

O casamento também é assim. Nenhuma noiva ou noivo pode entrar no casamento sem renunciar a seus direitos próprios. Porém, é claro, as pessoas se casam o tempo todo sem a mínima intenção de fazer isso. Na maioria dos casos, ninguém lhes disse que precisavam fazê-lo, e a compreensão que têm da natureza do amor é extremamente fantasiosa. Eles encontraram um ser humano que, assim supõem, é capaz de atender às suas necessidades — o companheiro perfeito, compatível, amável, compreensivo. Mas esse pacote premiado é sempre uma caixinha de surpresas. Eles estão fadados a ter problemas, pois, a menos que aprendam diariamente a fazer os sacrifícios do amor, o casamento será, na melhor das hipóteses, apenas uma "parceria de trabalho", e não uma união. Na pior das hipóteses, ele se dissolve.

Como é possível que alguém entre no casamento, quanto mais no discipulado? O Senhor exige demais. Certamente, ele não espera isso de nós. Ele só pode estar exagerando.

Será? Ele repete duas vezes suas inequívocas palavras para grandes *multidões*. Ele não está falando em particular aos doze, a quem longamente instruíra nos princípios do discipulado, mas às massas. Sua mensagem é: O que estou pedindo é mais do que qualquer um de vocês pode dar. Você deve pedir por um acordo.

Esperança na Solidão

Não há esperança para nenhum de nós até que confessemos nosso desamparo. Então, estamos em posição de receber graça. E aí temos o "acordo": graça — no começo, no fim e para sempre. Enquanto nos considerarmos capazes, não estaremos qualificados. Jesus descreveu vividamente as obrigações como algo além de nós. Mas *Vem a mim*, ele diz. *Toma a tua cruz e segue-me. Somente eu posso tornar-te um discípulo.*

O discípulo não deve se surpreender se, ao percorrer a estrada com Cristo, alguns membros da velha turma começarem a se dissipar. Talvez, no começo, ele se sinta sozinho, mas então percebe que há muitos Companheiros do Caminho que ele jamais teria encontrado em um caminho inferior. Um estudante universitário me disse: "Você percebe que está falando para um público *muito* pequeno?". Perguntei o que ele queria dizer com isso. "Você está falando apenas com pessoas que levam realmente a *sério* o seguir a Cristo. A maioria de nós não acha que precisa ir tão longe".

É encorajador saber que, de fato, muitos desejam ir até o fim. As cartas que recebo provam isso. Aqui está uma, enviada por um homem que viu murchar e reduzir-se ao pó o que ele acreditava ser uma amizade destinada a se aprofundar e florescer até o casamento.

Ele me contou a história desde o início: seus altos e baixos; o esquadrinhar de seu próprio coração e as certezas do Senhor; as respostas calorosas dela e os seus ombros frios; a paciente espera da parte dele. Ele orou para que o Senhor lhe mostrasse o significado de amar uma esposa como Cristo amou a igreja e a si mesmo se entregou por ela. Parecia que colocar seus próprios desejos e necessidades de lado em deferência aos dela não era algo difícil de fazer, pois ele a amava. Ela, porém, deixou claro que não sentia por ele o que ele sentia por ela.

> No calor da emoção, é difícil enxergar direito. Colocar sobre o altar as minhas esperanças e desejos de passar nossa vida juntos foi uma dimensão que eu jamais considerara. Aquilo era tudo! Poderia pedir ou pediria Deus tanto assim? [...] Eu não sei o que esse sacrifício produzirá. Sei que o que importa é obedecer. Para esse fim, tenho tentado fazer o meu melhor para ser fiel. Um sacrifício desse tipo não é um evento único. Precisa acontecer toda vez que a vejo, toda vez que me lembro dela. Sacrifício, obediência e graça são os instrumentos de vitória aqui. É um milagre ao vivo e em cores, um testemunho do amor de Deus vencendo o desespero, o esfacelamento e o ego.
>
> Meu único recurso era ficar de joelhos. Orei por entendimento e direção. Eu acreditava que o Senhor estava me dizendo para não desistir. E assim eu fiz. Todas as noites, eu orava para que o Senhor continuasse seu trabalho de cura em Roxanne [nome fictício] e para que o caráter de Deus se manifestasse na vida dela. Também orava para que eu fosse fiel em perseverar durante esse tempo, para que o amor de Deus brilhasse em minha vida. Eu precisava compreender melhor o mistério do significado do sacrifício de Cristo pela igreja, então pedi a Deus que me mostrasse como isso poderia se manifestar em minha vida.

A atitude de Roxanne mudou. Havia mais abertura, maior ternura, melhor comunicação.

> Aqueles momentos foram inacreditavelmente maravilhosos! Gostávamos muito da companhia um do outro. Ela era o tipo de amiga por quem eu havia ansiado por muitos anos. Eu amava fazer coisas com ela e por ela. Nada era um fardo. Era uma alegria servi-la e apoiá-la. Foi nessa época que lhe escrevi, pois percebi que, se houvesse sentimentos iguais da parte dela, eu desonraria o meu Senhor caso seguisse em frente sem o compromisso de amá-la e servi-la pelo resto de minha vida. Em meu coração, eu me propus a fazer isso.

A isso seguiram-se dificuldades de vários tipos. Então, ela pediu que eles não se vissem com tanta frequência. Richard [nome fictício] concordou, continuou a orar pela obra de Deus em ambos os corações. Então ela começou a se sentir encurralada, tornou-se fria e distante e, finalmente, disse a Richard que ele era um "amigo muito especial", mas não havia "romance" no coração dela para com ele.

> Estou desfalecido até o âmago. Como pude estar tão errado? Sinto que estou num vazio, incapaz de enxergar e com medo de amar. É muito difícil confiar em minhas interpretações da palavra de Deus, uma vez que elas podem se aplicar a circunstâncias específicas. Meu sentido de visão foi obscurecido, ao ponto de estar quase cego.

A despeito disso, o único facho de luz que penetra estas trevas é o amor de Deus por mim. A casa pode ter sido destruída, mas a fundação está intacta. [...] Este momento em que me sinto tão fraco e ferido é a oportunidade de colocar minha fé na mira. Permitir que o amor de que Paulo fala em Coríntios, assim como o fruto do Espírito mencionado em Gálatas, se tornem profundamente manifestos em minha vida, agora, é fazer-me participante da vitória de Cristo. É neste momento que devo seguir em frente, pois nesta perseverança está o solo fértil onde Deus plantará e cultivará a semente de Sua força; e é na força dele que posso viver.

Talvez pareça que me afastei do arbusto de espinhos e das roseiras murchas na orla varrida pelo vento, com os quais comecei este capítulo. O princípio se aplica — a vida brota da morte. Que rosa pode florescer na vida de Richard, talvez muito tempo depois, brotando desse matagal de espinhos?

12

O elogio intolerável

Quando o rei da Síria planejou atacar Israel, Deus revelou isso ao profeta Eliseu, que por sua vez alertou o rei de Israel. Pensando que um traidor era o responsável pela informação vazada, o rei da Síria indagava-se quem poderia ter sido o delator. Um de seus oficiais disse: "Não nos culpes! Ora, não podes sequer falar na tua câmara de dormir sem que Eliseu, o profeta de Israel, saiba o que dizes!".

"Ide e vede onde ele está", disse o rei, "para que eu mande prendê-lo" (2Rs 6.13).

Na manhã seguinte, o moço de Eliseu viu que a cidade de Dotã estava cercada por cavalos e carruagens.

"Ai! Meu senhor!", disse ele, "Que faremos?".

"Não temas", foi a resposta de Eliseu, "porque mais são os que estão conosco do que os que estão com eles".

O profeta há muito havia aprendido uma lição que era nova para o jovem rapaz: forças invisíveis estão sempre em ação. O Deus que nos criou não nos deixa abandonados à nossa própria sorte. Ele ainda é Emanuel, "Deus *conosco*", mesmo quando tudo parece indicar que estamos sozinhos contra forças medonhas.

Talvez você tenha saído de casa pela primeira vez. Lembro-me de quão desafiadora foi para mim, aos catorze anos de idade, a expectativa de viajar mil milhas de trem até o colégio interno. Eu estava empolgada até que, quase imperceptivelmente, meus pais, meus irmãos mais novos e minha irmã começaram a escapar da minha vista enquanto o trem prateado, o Tamiami Champion, partia lentamente da estação Filadélfia rumo à Flórida. De repente, senti um grande vazio nauseante bem no meu estômago ao perceber o quanto minha família e minha casa significavam para mim. Eu não tornaria a vê-los por nove longos meses.

Talvez você esteja apenas começando a faculdade ou tenha se mudado para uma nova cidade onde não conhece ninguém. Você é um estrangeiro e as pessoas o examinam minuciosa e estranhamente. Você tem um novo emprego, novas responsabilidades as quais não tem certeza se pode cumprir. Talvez você não tenha emprego nenhum, porque foi demitido ou se aposentou. Talvez você esteja na situação de ser o único crente entre não crentes. Todas essas são boas receitas para a solidão. Por uma razão ou outra, você é como o moço de Eliseu, em pânico, sentindo-se indefeso e sozinho, sem saber que caminho tomar.

Nosso fiel Pai celestial sabe como é difícil para nós, criaturas de carne e osso, concentrarmo-nos no espiritual. Enquanto vivermos em um mundo material, isso será muito difícil. Mas ele está presente para nos ajudar e nos encorajar se lhe pedirmos. Ele abrirá nossos olhos para o invisível se orarmos por isso. Recorde-se do encorajamento de Paulo aos coríntios, de como ele os lembrou de que o desfecho dos problemas humanos é "um peso de glória" *quando* fixamos nosso olhar nas coisas invisíveis, que nunca passarão, em vez de nas coisas visíveis, as quais perecerão todas.

Acaso é mais fácil ver o moço de Eliseu rodeado por carruagens de fogo do que nos vermos igualmente rodeados? Acaso Deus, no nosso caso, esqueceu-se de ser gracioso? Estamos nós à mercê do rei da Síria ou temos fé para ver o que o profeta viu?

Na primavera passada, conheci um jovem detetive de Belfast que tem um trabalho particularmente solitário. Seu trabalho o leva às partes mais perigosas daquela cidade despedaçada, e ele estava com medo. Ele sabia que uma bomba ou uma arma poderiam atingi-lo a qualquer momento e ele poderia ser morto, mutilado ou incapacitado de alguma outra forma. Como marido e pai, ele não temia por si mesmo, mas principalmente por sua família. Alguém lhe deu o relato dos cinco missionários no Equador. Ele me contou como, à noite, levava aquele livro consigo para a cama, lia um pouco, chorava sobre o livro, orava e, então, lia novamente a mesma passagem. Ele havia planejado ler um capítulo por noite, mas se viu lendo e relendo, chorando e orando à medida que o lia. "Aquilo me encheu de coragem!", disse ele, com o rosto brilhando. "Eu vi que aqueles homens fizeram o que fizeram crendo que Deus estava no controle do resultado. Não sou um missionário, mas estou sob a autoridade do mesmo Senhor. Se aqueles homens puderam fazer aquilo, eu poderia também".

Esperança na Solidão

Enquanto escrevo, vejo, da minha janela, um filhote de coelho disparar para fora de um pequeno arbusto, seguido pela mãe. Por um minuto, ela o persegue em círculos, tudo tão rápido que parece que eles já nem sabem mais quem está perseguindo quem. De repente, ambos desaparecem novamente atrás do pequeno arbusto. Um minuto depois, uma jovem marmota sai em seu gingado, aspira a grama lentamente com seu focinho preto, e então retorna gingando. Eu ansiosamente examino a encosta em busca de um gato predador que passa boa parte de seu tempo agachado e rastejando pelas extremidades do parquinho dos coelhos. Ele não está lá. As palavras que eu estava prestes a escrever, logo antes de essas coisas peludas aparecerem, assumem um significado mais amplo:

> Porque nenhum de nós vive para si mesmo, nem morre para si. Porque, se vivemos, para o Senhor vivemos; se morremos, para o Senhor morremos. Quer, pois, vivamos ou morramos, somos do Senhor.
>
> Romanos 14.7-9.

Acaso não temos muito mais valor do que muitos pardais — ou coelhos e marmotas? A vida e a morte de todos nós estão nas mesmas mãos. Estamos sempre rodeados pelo invisível, ao qual pertencem os anjos, ministros de fogo, explicitamente comissionados para nos guardar. Aquele que nos guarda não dorme nem dormita. Seu amor está sempre desperto, sempre atento, sempre cercando, sustentando e protegendo. Se uma lança ou uma bala atingem o alvo na carne de um de seus servos, não é por falta de atenção da parte do Senhor. É por causa do amor.

> Se Deus é amor, ele é, por definição, algo mais do que mera gentileza. E todas as evidências mostram que, embora ele tenha frequentemente nos repreendido e nos condenado, ele jamais nos olhou com desdém. Ele nos fez o insuportável elogio de amar no sentido mais profundo, mais trágico, mais inexorável.[17]

Quer vivamos ou morramos, somos do Senhor. Viva cada hora de cada dia *com ele como Senhor*, pois "foi precisamente para esse fim que Cristo morreu e ressurgiu: para ser Senhor tanto de mortos como de vivos" (Rm 14.9).

Se o senhorio de Deus está realmente estabelecido sobre mim, não faz diferença (posso até dizer que "não é grande coisa") se eu vivo ou se eu morro. Eu sou dispensável. Tal conhecimento liberta. Eu não me preocupo com nada, pois tudo o que sou, tudo o que tenho, tudo o que faço e tudo o que sofro já foi alegremente colocado à disposição do Senhor. Ele pode fazer o que quiser.

O que achamos que ele quer? Gerard Manley Hopkins expressou a resposta do modo mais belo em "The Golden Echo" [O eco dourado]:

---

17 C. S. Lewis, *The problem of pain* (New York: Macmillan, 1965), 41. A tradução em português é de C. S. Lewis, *O problema da dor*, trad. Francisco Nunes (São Paulo: Thomas Nelson Brasil, 2021, edição Kindle).

Vê, nem um fio de cabelo, nem um cílio, nem um só
    cilício cai; cada cabelo
é, cabelo da cabeça, computado.
Mais; o que sutis largáramos em duro
    e mero molde
terá vindo e vingado e vagado e vogado
    com o vento durante o enquanto que nos adormeça,
daqui, dali, confundindo as cemcurvas de um cerebrochumbo
durante o enquanto, o enquanto em que nos esqueçamos.
Oh, então por que curvos seguirmos? Oh, por que sermos
    tão cavos no coração, tão medo-murchos,
    medo-mortos, tão fartos, tão fraudados, tão cansados,
    tão confusos,
quando a coisa que livres renunciamos é guardada
    como o mais caro cuidado
mais caro cuidado guardada do que a poderíamos ter guardado, guardada
com muito maior cuidado (e nós, nós a
    perderíamos), mais puro, mais caro
cuidado guardada. — Onde guardada? Diga-nos onde guardada,
onde. —
Longe. — Quão elevado é! Seguimos, agora seguimos. —
    Longe, sim, longe, longe,
longe.[18]

---

18 Gerard Manley Hopkins, "The Golden Echo", em *Poems and prose of Gerard Manley Hopkins*, Selected with an Introduction and Notes by W.H. Gardner, ed. (Harmondsworth, Middlesex: Penguin, 1960), 53, 54. [N. T.: A tradução em português é adaptada de Gerard Manley Hopkins, *Hopkins: a beleza difícil*, trad. Augusto de Campos (São Paulo: Perspectiva, 1997). A tradução dos três últimos versos foi alterada, pois omitia um trecho do original.]

13

Casada, mas sozinha

Ao tentar escrever para todas as que experimentam a solidão de alguma forma, muitas vezes piso em terreno desconhecido. Eu nunca estive lá e não posso dizer: "Entendo perfeitamente. Sei exatamente pelo que você está passando". Em vários desertos, eu encontrei a companhia daquele que não é "sumo sacerdote que não possa compadecer-se das nossas fraquezas; antes, foi ele tentado em todas as coisas, à nossa semelhança, mas sem pecado" (Hb 4.15). Pense nisto: cada uma de nossas fraquezas humanas é inteligível para ele. Ele compreende. Ele toma parte nelas, plenamente.

Ser discípulo de Jesus Cristo é ter um companheiro o tempo todo. Mas isso não significa que nunca sofreremos com a solidão. Na verdade, significa que podemos nos sentir solitárias de maneiras que jamais experimentaríamos se não houvéssemos escolhido ser discípulas. Quando pessoas que estão pensando em se tornar missionárias me perguntam: "Mas e a solidão?", eu lhes respondo: Sim. Você será solitária. Faz parte do preço. Estrangeiros em terras estranhas são solitários. Você aceita isso de antemão.

Se é assim no discipulado, no casamento também é. Uma das surpresas reservadas para a maioria das noivas e dos noivos é que eles ainda estão solitários. Uma expectativa comum, mas descabida sobre o casamento (e há muitas outras expectativas descabidas) é que o parceiro agora ocupará o lugar de todos de quem o outro cônjuge antes dependia — pai, mãe, irmãos, irmãs, amigos. Como "apaixonar-se" é um fenômeno avassalador, dominador e exclusivo, ele pode ser muito severo para com outros relacionamentos que não mais parecem necessários. Porém, o casamento nos ensina que mesmo a companhia humana mais íntima não pode preencher os lugares mais profundos do coração. Nossos corações estão solitários até que descansem naquele que nos fez para si mesmo.

Numa sessão de perguntas e respostas em uma conferência para mulheres, perguntaram-me: O que você diria a uma filha que está prestes a se divorciar do marido por ele não estar suprindo todas as necessidades dela? Houve uma onda de risos entre as presentes. Que exigência mais tola! Eu respondi que tentaria mostrar à pobre moça que ela estava pedindo do marido o que nenhum ser humano pode pedir de ninguém. Por ter sido casada com três homens muito diferentes, todos eles excelentes maridos cristãos, descobri que nenhum deles, ou mesmo os três juntos se eu fosse poliândrica, poderia "suprir todas as minhas necessidades". A Bíblia me promete que o meu Deus, e não o meu marido, suprirá todas as minhas necessidades.

Paul Tillich escreveu: "O homem e a mulher permanecem sozinhos, mesmo na mais íntima união. Eles não podem penetrar o núcleo mais íntimo um do outro. E, se assim não fosse, eles não poderiam auxiliar um ao outro; eles não poderiam formar uma comunidade humana".[19]

Falta de comunicação, segundo uma pesquisa recente, é a principal causa de divórcio. Pouco tempo atrás, a exuberante e franca Oprah Winfrey estava entrevistando pessoas sobre o que havia dado errado em seu casamento.

"Se eu ouvir essa palavra comunicação MAIS-UMA-VEZ", disse ela, revirando os olhos. Em seguida, ela se voltou para o "especialista" (o que geralmente significa qualquer pessoa que tenha escrito qualquer livro sobre qualquer assunto) e perguntou o que significava comunicação.

"NÃO SIGNIFICA NADA!" foi a resposta dele.

"Obrigada", disse Oprah.

Isso não ajuda muito. Porém, de uma forma ou de outra, ocasionalmente nós precisamos nos comunicar com pessoas, e todas nós falhamos nisso às vezes — não apenas com o cônjuge, mas com outras pessoas. Não dedicamos o tempo necessário para escrever a carta, fazer a ligação telefônica, visitar, sentar-se com a pessoa e ouvi-la. Se estamos ávidas por conversar com alguém sobre algo, nem sempre conseguimos encontrar alguém que nos ouça. Algumas pessoas são comunicadoras talentosas, mas a maioria de nós, talentosas ou não, poderia fazer melhor. Dada a diferença ontológica que Tillich descreve, além das diferenças de personalidade, formação, educação, linguagem e interesses, a comunicação nunca pode ser perfeita, mas não é descabido buscar aperfeiçoar-se nessa área.

---

19 Tillich, 17.

Jim, Add e Lars (meus maridos, em ordem) tinham diferentes habilidades, e eu tive de aprender a ser realista e razoável em minhas expectativas. Add, que era um palestrante muito popular e autor de oito livros, era, em minha opinião, um comunicador de primeira categoria. Suas cartas de amor durante o período que me cortejava foram obras-primas tais que cheguei a considerar publicá-las (mas pensei melhor depois) sob o título *Cartas de amor de um teólogo*. Ele sabia colocar em palavras o que pensava e sentia a meu respeito. Ele não parou de fazê-lo ao nos casarmos, mas descobri que ele era estranhamente reticente em falar de muitas coisas que afetaram profundamente sua vida.

Encontrar alguém capaz de nos "ler", de nos corresponder de todo o coração e com real entendimento, é uma dádiva rara. Muitas pessoas se encontram casadas com parceiros que estão sintonizados em uma estação intelectual ou espiritual totalmente diferente, como Ruth Sanford descreve em seu livro, *Do you feel alone in the spirit?* [Você se sente sozinha em espírito?].[20] Pelo número de mulheres que me falam sobre esse tipo de solidão e isolamento, percebi ser algo comum.

Tem-se a impressão de que muitos maridos estão de tal modo assoberbados com seu trabalho, pelo menos cinco dias por semana, que ao chegarem em casa querem apenas "relaxar", o que não significa sentar-se e conversar com a esposa e os filhos, mas ligar a televisão, pegar o jornal ou ir para a academia. Suponho que o mesmo pode ser dito de algumas esposas que trabalham. Se os dois trabalham, é difícil imaginar como

---

20 Ruth Sanford, *Do you feel alone in the spirit?* (Ann Arbor: Servant, 1978).

conseguirão até mesmo ser amigos. Cada um espera que o outro esteja disponível quando desejado. Se o outro não estiver, a solidão resultante é difícil de suportar.

Uma mulher, a quem chamarei de Priscilla, me contou uma experiência de solidão no casamento diferente de todas as de que eu já ouvira falar. Seu marido, que é um cristão professo e que em um encontro casual pareceria alguém decente, acabou se mostrando bastante incivilizado e nem um pouco cristão. Embora eles vivessem juntos como marido e mulher (ela diz que ele é capaz de ser maravilhosamente amoroso e agradecido), ele a abandonou de uma forma muito estranha. Ele parece ter tomado a decisão, antes de se casarem (embora nada lhe tenha dito a respeito), de que ela pagaria todas as contas. Quando isso ficou claro após a lua de mel, a única explicação que ele ofereceu foi que ela tinha um bom emprego, estava indo muito bem antes de se casar com ele e não lhe custava muito tê-lo morando em seu confortável condomínio e comendo em sua mesa — por que, então, ela não poderia arcar com as contas? Pobre mulher! Pensando que se casara com um marido, ela descobriu ter se casado com um hóspede folgado. Ela está isolada. Chocada. Perplexa. Solitária.

"Por que estou passando por isso?", perguntou-me. A indagação ecoa o clamor de muita gente.

Estávamos sentadas perto da lareira em sua sala de estar lindamente decorada. Tínhamos acabado de terminar um excelente jantar que ela havia preparado. Como sempre, ela estava elegantemente vestida. Eu estava pensando em como o marido dela é sortudo por ter uma mulher assim — agradável, gentil, de espírito doce, completamente feminina, uma verdadeira dona de casa que também tem um emprego bem remunerado. Como ele poderia tratá-la da forma por ela descrita? Obviamente, eu conheço apenas uma fração da história, a versão dela. Qual seria a dele?

Eu não sabia o que dizer. Eu não sabia responder à questão do que *fazer* com um marido como aquele. Eu jamais estivera no lugar dela, mas certamente já fizera aquela pergunta fundamental em situações que nada tinham a ver com casamento: *por que estou passando por isso?* Às vezes, a resposta envolvia erros meus; às vezes, dos outros; às vezes, de ninguém.

Este não é um livro sobre aconselhamento conjugal. Não há escassez desse tipo de livro. Estamos aqui tentando encarar as perguntas mais fundamentais, como a que Priscilla fez. Talvez haja muitas coisas que ela possa fazer ao longo do tempo, mas, antes de qualquer sinal de mudança ocorrer em sua situação ou em seu marido, ela pode chegar-se diretamente a Deus. Ele sabe por que ela está passando por isso.

A resposta definitiva nos leva à Origem de tudo. Por que estou viúva? Por que Deus permitiu o divórcio? Por que ele não me deu uma esposa (ou um marido)? Por que meus amigos não me compreendem? Por que Deus me daria um marido que não aceita responsabilidades? Por que não conseguimos nos comunicar? Por que perdi a pessoa mais importante para mim em todo o mundo? Por que eu ou qualquer outra pessoa deveria estar sozinha?

Quando não há respostas no presente, minha mente insiste em inquirir as questões mais fundamentais. Tudo o que acontece tem algo a ver com *Deus*. O objetivo de tudo é me colocar face a face com ele e me ensinar algo sobre os seus caminhos para conosco. Até que ponto podemos inquirir essa questão da solidão? Será que a solidão de Priscilla, a sua e a minha são o resultado de circunstâncias ou pessoas que não podemos controlar? Será que há alguém no controle? Será que estamos todas à deriva no vazio, ou será que há alguém no comando de todo esse cenário?

A ciência está sempre explicando causas e efeitos, mas, quanto à questão da Causa Original — como o universo começou? —, a ciência nos dá respostas estranhas. A teoria do Big Bang é uma delas. O cientista pode nos dizer exatamente por que uma explosão ocorre, seja ela proposital, em um laboratório, ou acidental, dentro ou fora dele. É o resultado da produção repentina de grande pressão. Em outras palavras, ela é *causada*. Podemos ter certeza disso. *Algo* a fez acontecer. Eles nos dizem que tudo, incluindo o próprio universo, é causado. É disso que trata a ciência. A ideia de uma causa primária, entretanto, é geralmente descartada — pois, como afirmou um cientista, "ela é simplesmente intolerável para a mente científica". A ciência se contenta em dizer que a matéria produziu a mente. Ela se recusa a sequer admitir a possibilidade de que uma Mente produziu a matéria.[21]

Mas esse Big Bang original — devemos acreditar que somente ele, entre todas as explosões, *não* foi precedido pela produção repentina de pressão? Não houve causa nenhuma?

---

21 Devo a C. S. Lewis ou a George MacDonald — talvez a ambos — a ideia dessas duas últimas frases.

Pergunta errada, dizem-nos. Irrelevante. Desnecessária. Simplesmente aconteceu. Há um ponto em que você para de se perguntar sobre as causas. A noção de um Iniciador não é passível de ser testada em laboratório.

Talvez possamos nos contentar em parar por aí, desde que nosso pensamento seja meramente teórico. É quando ocorrem situações pessoais que a questão surge com maior insistência. Como Kierkegaard disse sobre o hegelianismo, a ciência de sua época: "Hegel explicou tudo no universo, exceto o que é ser um indivíduo, nascer, viver e morrer".[22]

Enquanto estou sentada no sofá de Priscilla e vejo a dor em seus olhos, sou atirada de volta às perguntas antecedentes. O que é ser um indivíduo, nascer, viver, morrer? O que significa tudo isso? O marido de Priscilla é a causa imediata da dor. Ela tem tentado conversar com ele. Ela tem feito o possível para que ele enxergue o que está fazendo com ela. Ela tem implorado para que ele aja como um homem. Mas, se ela não pode mudá-lo (e é claro que não pode), será que ela está à mercê dele? Ou será que há outra Mercê a quem apelar?

Certa vez, o dr. Cressy Morrison, presidente da New York Academy of Sciences [Academia de Ciências de Nova York] na década de 1930, deu uma palestra sobre a Lei da Probabilidade. Se você pegar dez moedas, marcá-las com números de um a dez e colocá-las no bolso, disse ele, sua probabilidade de tirar primeiro do bolso a moeda número um seria, é claro, de uma em dez. Suas chances de tirar do bolso todas as

---

22 Citado no Prefácio de Walker Percy a *The New Catholics*, ed. Dan O'Neill (New York: Crossroad, 1987).

moedas em ordem numérica seria de uma em dez bilhões. Ele, então, levantou a questão: quais seriam as chances de o universo ter simplesmente "acontecido", de a vida ter surgido espontaneamente da completa falta de vida, de as prodigiosas complexidades da mente humana terem-se originado sem uma mente anterior, de algo ter surgido do absoluto nada?

A improbabilidade de tudo isso é incalculável, disse o dr. Morrison. Acontece que ele era um cristão. Ele cria em Deus.

Priscilla também cria, mas sentia-se como se estivesse desamparada, afundando em um abismo. Será que Deus se esqueceu de ser gracioso para com ela? Será que, em sua ira, ele calou suas ternas misericórdias?

Por que estou passando por isso?

É sem razão? Ou será que há um propósito?

Meses se passaram desde aquela noite junto à lareira. Amigos e familiares insistiram para que Priscilla se livrasse daquele homem. O divórcio era a resposta óbvia, mas não era uma resposta que ela aceitaria. Ela já havia passado por um e sabia que não queria outro. A razão humana concluiria que uma separação, pelo menos, era o único caminho possível. No entanto — e aqui está o ponto —, ela escreve sobre a presença de Deus, sobre um desejo profundo de aprender com ele em meio a tudo aquilo, sobre uma determinação de cumprir seus votos a qualquer custo. Quem pode dizer que ela está enganada? Quem sabe os ganhos que podem vir de suas perdas diárias?

Sua última carta, descrevendo um cenário ainda pior, termina assim:

Mas o Senhor tem sido tão *fiel*! Na agonia, deitei-me prostrada diante dele e "pranteei". Eu certamente havia escolhido o homem errado. Ele tão graciosamente me mostrou sua palavra em João 6.70: "Não vos *escolhi* eu em número de doze? Contudo, um de vós é diabo". E, assim, ele me trouxe a certeza de que, apesar do meu discernimento finito e falho em minhas escolhas, posso saber que ele está à frente de tudo. (grifos acrescidos)

Palavras escritas a pessoas em tribulação, muitos séculos atrás, por um homem que experimentou em primeira mão uma grande medida de tribulações, mostram que há outro nível no qual podemos compreender os acontecimentos de nossas vidas:

> Porque para mim tenho por certo que os sofrimentos do tempo presente não podem ser comparados com a glória a ser revelada em nós. A ardente expectativa da criação aguarda a revelação dos filhos de Deus. Pois a criação está sujeita à vaidade, não voluntariamente, mas por causa daquele que a sujeitou, na esperança de que a própria criação será redimida do cativeiro da corrupção, para a liberdade da glória dos filhos de Deus.
>
> Romanos 8.18-21

Existe um futuro e um plano. Existe uma outra realidade. Essa é a esperança de Priscilla. É o que a faz enxergar as coisas de forma tão diferente daqueles que a aconselhariam a seguir um outro curso. Não posso dizer que ela esteja certa ou errada, mas tenho certeza de que Deus honra uma fé obediente. Ele também percorreu esse vale solitário. Ele tomou sobre si as nossas enfermidades, as nossas dores levou sobre si e morreu.

[É ele quem] sara os de coração quebrantado e lhes pensa as feridas. Conta o número das estrelas, chamando-as todas pelo seu nome. [...] O Senhor ampara os humildes e dá com os ímpios em terra. [...] [Ele] cobre de nuvens os céus, prepara a chuva para a terra, faz brotar nos montes a erva [...] e dá o alimento aos animais [...] Agrada-se o Senhor dos que o temem e dos que esperam na sua misericórdia.

Salmo 147.3-4, 6, 8-9, 11

14

Amor significa aceitação

Um aspecto da dor de estar sozinha é ficar à procura de explicações do porquê eu "mereci" passar por isso, apesar de me esforçar tanto para ser uma boa pessoa. Olhamos para amigos que parecem ter tudo, mas que não são exatamente muito melhores do que nós. Alguns deles — modéstia à parte! — são muito piores.

Nos dias de Jó, entendia-se que o bem sempre seria a recompensa pela justiça, e o mal, a punição pela injustiça. Quando aquele "homem íntegro e reto" foi despojado de casas, colheitas, animais, servos, filhos, filhas, da confiança de sua esposa e de sua própria saúde, só havia, pelo menos até onde seus amigos podiam ver, uma explicação possível: Jó estava em falta. Nem eles nem o próprio Jó sabiam do estranho drama que ocorria na corte celeste, quando Deus chamou a atenção de Satanás para a fidelidade irrepreensível de Jó.

"É claro que Jó confia em ti — por enquanto!", foi a réplica de Satanás. "A obra de suas mãos abençoastes, e os seus bens se multiplicaram na terra. Estende, porém, a mão, e toca-lhe em tudo quanto tem, e verás se não blasfema contra ti na tua face".[23]

Não sabemos quantas vezes Deus e Satanás se enfrentaram por causa da fidelidade de um único indivíduo, mas sabemos que Deus permite que o mal toque a todos, tanto os mais santos quanto os mais perversos. A pergunta de Satanás permanece: será que ele continuará confiando? Posso imaginar as hostes do céu — e talvez do inferno — esperando pela resposta com a respiração contida.

A resposta da fé é SIM. Aceitação. Sentado em meio a cinzas, Jó não me parece um homem muito paciente. Ele rapidamente se fartou de seus amigos e lançou muitos questionamentos, argumentos e acusações contra Deus. Deus deixou que ele assim agisse antes de começar, não a responder, mas a enterrar Jó sob uma avalanche de suas próprias perguntas irrespondíveis. Por fim, Jó reconheceu a onipotência de Deus e as limitações de seu próprio entendimento. "Eu te conhecia só de ouvir, mas agora os meus olhos te veem. Por isso, me abomino e me arrependo no pó e na cinza". Ele não tinha mais nada a dizer.[24]

A fé de Jó é surpreendente quando levamos em conta como ele conhecia o amor de Deus menos do que nós, que o conhecemos por meio da vida e da morte de Jesus Cristo. Temos uma Bíblia inteira, repleta de revelações sobre o sofrimento. A reação de Jó talvez se parecesse mais com rendição do que com aceitação, mas aquilo era o bastante. Deus disse aos amigos de Jó que, ao contrário deles, Jó falara a verdade a seu respeito.

---

23 Veja Jó 1.9-11.
24 Veja Jó 42.5-6.

O caminho da aceitação nos é mostrado em cada página da vida de Jesus. Ela emerge do amor e da confiança. Ele manifestou, no seu semblante, a intrépida resolução de ir para Jerusalém. Espontaneamente, ele tomou sobre si a cruz. Ninguém poderia tirar-lhe a vida. Ele voluntariamente a entregou. Ele nos chama a tomarmos a nossa cruz. Isso não é o mesmo que rendição ou resignação. É um alegre e voluntário SIM às condições que encontramos em nossa jornada com ele, pois essas são as condições que ele deseja que compartilhemos com ele. Eventos são *sacramentos* da vontade de Deus — ou seja, são sinais visíveis de uma realidade invisível. Eles fornecem o próprio contexto no qual podemos aprender a amar e confiar. O céu espera por nossa resposta.

> Com a força que Deus lhe dá, esteja pronto para sofrer comigo por causa das boas-novas. Pois Deus nos salvou e nos chamou para uma vida santa, não porque merecêssemos, mas porque este era seu plano desde os tempos eternos: mostrar sua graça por meio de Cristo Jesus.
>
> 2 Timóteo 1.8-9, NVT

Essa é uma palavra maravilhosamente reconfortante para mim. Deus incluiu as dificuldades da minha vida (e confesso que foram *poucas*) em seu plano original. Nada o pega de surpresa. Do mesmo modo, nada é sem propósito. Seu plano é tornar-me santa; e as adversidades são indispensáveis para isso enquanto vivermos neste duro e velho mundo. Tudo o que tenho de fazer é aceitar.

"A vida de uma alma é algo tão imenso que um único ato sublimado de fé e aceitação, sem qualquer luz ou sentimento, tem mais força e mais vitalidade aos olhos de Deus do que a marcha dos exércitos ou o poder daqueles que os comandam".[25]

É importante repetir que essa aceitação de que falo não é passividade, quietismo, fatalismo ou resignação. Não é rendição ao mal nem recusa em fazer o que pode e deve ser feito para mudar as circunstâncias. É um *ato* sublimado de fé, é alinhar sua vontade à de Deus, é entrar em harmonia com o seu reino e a sua vontade.

Aceitação é abandono, o grande risco dos maiores amantes, quando se entrega ao outro um incrível poder — o poder de machucar. Ninguém no mundo tem tanto poder de machucar quanto um marido, uma esposa ou um amigo íntimo. Amar é estar vulnerável a esse poder que está nas mãos da pessoa amada. Quando uma mãe olha para o rosto de seu pequenino filho recém-nascido, ela sabe que aquela criaturinha já tem o poder de devastar de dor a sua alma, um poder que aumentará à medida que a criança crescer. "Também uma espada traspassará a tua própria alma", disse o velho Simeão a Maria (Lc 2.35). Amar significa abrir-se para o sofrimento. Será então que devemos fechar nossas portas para o amor e ficar "seguros"?

No discipulado, aceitação é o abandono total da parte do discípulo, a entrega de todos os direitos ao Mestre. Esse abandono, em todos os casos, significará dor. Cristo listou

---

25 Maud Monahan, *The life and letters of Janet Erskine Stuart* (London: Longmans, Green & Co., 1953), 97.

Amor significa aceitação

algumas das tribulações que seus seguidores poderiam esperar, para que eles não fossem pegos de surpresa e, assim, descartassem a sua fé nele. Ele não ofereceu imunidade. Ele pediu confiança.

Alguns casais não aceitam o risco do abandono e fazem contratos de casamento, na esperança de se protegerem das dificuldades que ele inevitavelmente traz. Esse contrato é contraproducente, pois um casamento deve se basear na confiança. Um contrato pressupõe a ausência de confiança e recorre à linguagem da política (igualdade, direitos, equidade) em vez da linguagem do amor. O amor aceita — este homem ou mulher, com todas as suas falhas, peculiaridades e exigências. Se não há confiança, nem abandono, nem entrega — em suma, se não há o amor tal como a Bíblia o define —, não é de admirar que tais casamentos facilmente desmoronem.

Como já observamos, Jesus não fez propaganda enganosa. Ele estava oferecendo o reino dos céus — bem-aventurança, vida eterna, plenitude de alegria. Mas ele falou da porta estreita e do caminho apertado. Ele prometeu sofrimento, e não fuga do sofrimento. Você não pode tomar uma cruz e, ao mesmo tempo, não tomá-la; nem pode aprender a morrer e aprender a não morrer.

Embora o Senhor não assine nenhum contrato conosco, é maravilhoso lembrarmo-nos de como funciona o reino dos céus — o princípio operativo é a vida que surge da morte. Quando há um propósito claro e resplandecente por trás, por baixo e acima de tudo, a fé pode honestamente dizer SIM.

Esperança na Solidão

Amy Carmichael conhecia muitos tipos de sofrimento, incluindo a solidão. Ela conhecia a tentação de querer fugir do sofrimento — esquecendo-se dele, afogando a tribulação, mantendo-se ocupada, fechando-se para o mundo, rendendo-se à derrota e ao ressentimento carrancudo. Ela também sabia que nada disso levaria à paz. Ela descobriu o que de fato conduz à paz, aqui e agora:

> Disse alguém: "Esquecerei os rostos dos finados;
> os quartos desocupados
> mais uma vez se encherão.
> Cessai, ó vozes gemendo dentro em mim."
> Vão, porém, o clamor; vão, tudo vão:
> *Não há paz em esquecer-se, enfim.*
>
> Disse alguém: "Amontoarei ações sobre ações;
> as lutas e dissensões
> agitar-me-ão e me susterão;
> cessai, ó lágrimas que afrouxam o homem em mim."
> Vão, porém, o clamor; vão, tudo vão:
> *Não há paz em esforçar-se, enfim.*
>
> Disse alguém: "Na quietude vou me esconder,
> por que na vida me envolver?
> Fugirei assim da aflição.
> Cessai, desejo e teus enganos sem fim."
> Vão, porém, o clamor; vão, tudo vão:
> *Não há paz na indiferença, enfim.*

Disse alguém: "Eu me rendo; estou derrotado.
Por Deus fui despojado
de todo o meu quinhão.
Por que não cessais, murmúrios dentro em mim?"
Vão, porém, o clamor; vão, tudo vão:
Não há paz na submissão, enfim.

Disse alguém: "Aceitarei todo o sofrimento;
sei que Deus, em seu tempo,
ao filho seu dará explicação."
Então, cessou todo o tumulto que havia em mim.
Não foi em vão o clamor; não foi em vão:
Achei paz na aceitação, enfim.[26]

---

26 Amy Carmichael, "For in Acceptance Lieth Peace", em *Toward Jerusalem* (Copyright 1936, Dohnavur Fellowship). Publicado por Christian Literature Crusade, Inc., Ft. Washington, Pennsylvania, 40. Reproduzido com permissão.

15

Um campo com um tesouro escondido

Quando Jim Elliot estava se preparando para o trabalho missionário, ele enxergou paralelos entre as demandas da vida para a qual cria que Deus o estava chamando e a vida no território de Yucon um século atrás. Em ambos os casos, o prêmio era ouro, embora de durabilidade muito diferente. Em seu diário, ele copiou uma parte do poema de Robert Service, "The Law of the Yukon" [A lei de Yucon]:

> Não envies os teus fracos e tolos; envia-me os teus fortes
>   e os teus sãos —
> fortes para a fúria escarlate da batalha, sãos para que eu
>   os atormente.
> Envia quem tenha coragem ao âmago, quem for cingido
>   como combatente...
> Espero por aqueles que hão de derrotar-me — e eu não
>   serei vencido num dia,
> tampouco serei derrotado por fracotes, delicados, frouxos e franzinos,

mas por homens com o coração de vikings e a fé simples
de meninos,
os intrépidos, fortes e poderosos, que pelo medo não se
deixam dominar,
estes hei de ornar com meu tesouro, estes com minha
carne hei de fartar.[27]

Os antigos garimpeiros tinham de acreditar que ali havia ouro. A jornada para obtê-lo seria uma tortura, mas eles escolhiam a tortura por causa da esperança. Jim acreditava que havia um tesouro melhor do que o ouro de Yukon, que valia qualquer risco, qualquer sacrifício. Acho que consigo imaginá-lo agora, na Cidade Celestial, olhando em retrospecto para a jornada que percorreu e pensando que o preço, no fim das contas, não foi tão alto assim.

Você e eu não estamos correndo para o Yukon em busca de ouro, não mais do que Jim estava. Não somos do tipo que gosta de tarefas árduas. Não somos heroínas ou heróis lendários. Somos apenas pessoas comuns: levantamo-nos de camas muito confortáveis pela manhã, escovamos os dentes com água encanada, vestimos a roupa de que gostamos e comemos o que queremos no café da manhã. Nossas vidas geralmente não parecem exigir muita coragem. Estamos tão acostumadas com o luxo que consideramos um engarrafamento uma privação. Achamos que o nosso dia está arruinado se o ar-condicionado parar de funcionar ou se o garçom disser que acabou de servir

---

[27] Robert Service, "The Law of the Yukon", em *Collected poems of Robert Service* (New York: Dodd, Mead, & Co., 1940), 10.

a última cheesecake de frutas vermelhas. Obviamente, é apenas uma questão de tempo até o engarrafamento se desfazer; tempo e dinheiro podem consertar o ar-condicionado; podemos pedir uma sobremesa diferente. Temos a expectativa de consertar as coisas — e rápido. Quando não conseguimos fazê-lo, ficamos perdidas.

A solidão é muito pior do que ficar presa em um engarrafamento ou ficar sem cheesecake. Talvez sequer pensemos que ela exige coragem, pois dificilmente pensamos nela como um sofrimento real; contudo, ela se encaixa na definição de sofrimento mais simples que conheço: ter o que não se quer ou querer o que não se tem. Solidão não é o que queremos. Ela resulta de querer o que não temos.

Quem pode comparar sofrimentos? Eles são únicos, pois cada sofredor é único. "O coração conhece a sua própria amargura" (Pv 14.10). Reagimos de acordo com o nosso temperamento. Algumas pessoas saem em busca de soluções, afligem-se, martirizam-se, irritam-se, negam os fatos. Algumas mergulham num poço de autorrecriminação ou autopiedade. Algumas atribuem tudo à culpa de outra pessoa. Algumas oram. Mas todos nós podemos ser tentados em algum momento a concluir que, porque Deus não resolveu, ele não nos ama.

Há muitas coisas que Deus não conserta exatamente *porque ele nos ama*. Em vez de nos tirar do problema, ele nos chama. Em nossa tristeza, solidão ou dor, ele nos chama: "Esta é uma parte necessária da jornada. Mesmo que seja a parte mais difícil, é apenas uma parte, e não vai durar todo o percurso.

Esperança na Solidão

Lembre-se de para onde estou levando você. Lembre-se do que você encontrará no final — um lar, um refúgio e um céu".

A coragem para enfrentar o trecho acidentado vem do olhar adiante — como os garimpeiros faziam na época da Corrida do Ouro. Os heróis das grandes lendas universais se entregam a todos os tipos de tribulações assustadoras por causa da promessa de uma grande recompensa — o favor do rei, um pote de ouro, o casamento com uma princesa. Por haver um objetivo reluzente, eles partem de coração e vontade a enfrentar os perigos ainda invisíveis e desconhecidos da terrível jornada. Seu heroísmo reside na aceitação — uma aceitação sem reservas de circunstâncias que outros homens evitariam a todo custo — e na perseverança. As cavernas escuras, os túneis e labirintos não são problemas a serem resolvidos, mas perigos a serem atravessados; as tempestades e os mares bravios devem ser encarados; os gigantes e monstros, mortos. Tudo isso eles aceitam e suportam *com perseverança em vista do prêmio*.

É possível aceitar a solidão e perseverar nela sem amargura quando se tem uma visão da glória que está por vir. Isso é algo muito diferente do suspiro de resignação ou derrota, daquele tipo de renúncia sem esperança que apenas "desiste e espera" um destino malévolo. Em circunstâncias para as quais não há no mundo uma resposta final, temos duas opções: aceitá-las como uma sábia e amorosa escolha de Deus para nos abençoar (isso se chama fé), ou ressentirmo-nos delas como prova de sua indiferença, de seu descuido, até mesmo de sua inexistência (isso é incredulidade).

Atribuir injustiça a Deus é uma forte tentação, especialmente quando não há mais ninguém para culpar. Ceder a essa tentação conduz ao vazio espiritual.

"Ouvi a palavra do Senhor", escreveu o profeta Jeremias. "Que injustiça acharam vossos pais em mim, para de mim se afastarem, indo após a nulidade dos ídolos e se tornando nulos eles mesmos [...]?" (Jr 2.4-5). Quem de nós não conheceu uma sensação profunda e penetrante de vazio, como se a vida tivesse perdido sua substância? Será que a causa disso, com frequência, não é atribuirmos injustiça a Deus?

Há alguns dias, retornei de uma visita à minha filha e sua família. Havia uma sensação de solidão, cuja causa, até onde consigo ver agora, não pode ser remediada. Eu moro na Costa Leste. Valerie mora no Oeste. Nunca poderei convidar meus netos para passarem a noite aqui. Nunca poderei ter a família para um jantar de domingo — e os jantares de domingo com meus avós estão entre as minhas preciosas memórias de infância. Eu simplesmente não consigo dar um pulo na casa deles em El Toro, de vez em quando, para tomar uma xícara de chá. Fiquei tentada a me refestelar em autopiedade. Por que devo ser privada da tremenda bênção e prazer de estar perto daquelas queridas crianças, as pessoas que mais amo no mundo? Deus poderia "consertar" isso se quisesse. Seguir essa linha de pensamento teria me conduzido ao Pântano da Desconfiança.

Nossa solidão nem sempre pode ser consertada, mas sempre pode ser aceita como a própria vontade de Deus para aquele momento, e isso a torna em algo lindo. Talvez seja como aquele campo no qual se escondia o valioso tesouro. Devemos *comprar o campo*. Não é um prado ensolarado repleto de flores silvestres. É um lugar desolado e vazio, mas, quando sabemos que ele contém uma joia, todo o quadro se transforma. O pedaço vazio de terra esquecida, de repente, se enche de possibilidades. Ali está algo que não apenas conseguimos aceitar, mas algo pelo qual vale a pena vender tudo o que temos e comprá-lo. No meu caso, "vender tudo" significava renunciar à autopiedade e aos questionamentos amargurados. Não quero dizer que devamos sair em busca de oportunidades para sermos tão solitárias quanto possível. Estou falando sobre a aceitação do inevitável. E quando, por um ato voluntário, recebemos essa coisa que não queríamos ter, então a Solidão — o nome do campo que ninguém quer — se transforma em um lugar de tesouro escondido.

O Capitão de nossa Salvação foi aperfeiçoado por meio das coisas que sofreu. Pergunto-me que tipo de criança ele foi. Muitas vezes desejei que soubéssemos algo sobre seus primeiros anos, mas o Espírito Santo decidiu deixá-los sem registro. Sua infância, adolescência e juventude foram todas escondidas de nossa curiosidade. Será que foram apenas os três anos de vida pública que prepararam Jesus para a cruz, ou será que os trinta silenciosos anos anteriores foram igualmente necessários? Certamente foram essenciais — as lágrimas e os sorrisos de um bebê, a solidão de seu desmame, a perplexidade de uma criança ante os nãos de seus pais, as incertezas e a solidão de um adolescente, os desejos não realizados de um jovem muito vigoroso e entusiasmado. Não seria tudo isso, por assim dizer, uma parte do campo onde se escondia o seu tesouro?

Se a casa de vila que hoje mostram aos turistas em Nazaré tem alguma semelhança com aquela em que viveu o menino Jesus, não era lá grande coisa, em comparação com os palácios de marfim os quais ele deixou. Aquele ante cuja palavra a criação veio a existir sujeitou-se à palavra de Maria, sua mãe. Aquele cujas mãos formaram o universo aprendeu a obediência em uma carpintaria empoeirada. Quando José lhe mostrou como usar uma ferramenta, será que ele pôs as mãozinhas dele entre as suas e disse: "Assim. Segure desse jeito"? O garoto precisou *aprender*. Ele não confeccionou mesas e cadeiras por um decreto divino. Ele as fez com instrumentos segurados por mãos humanas. Ele teve de *aprender* as habilidades e a ser minucioso, confiável, diligente e fiel. Se em algum momento ele foi tentado a usar materiais de baixa qualidade, ele não cedeu à tentação. Ele não fez nada com desleixo. Antes, trabalhou com cuidado, minúcia, confiabilidade, diligência, fidelidade. Certamente, ele foi gentil com os clientes. Ele *cresceu* "em graça, diante de Deus e dos homens" (Lc 2.52). A alegre aceitação do trabalho humilde, as pequenas provações da vida familiar de qualquer garoto fizeram parte de sua preparação para as grandes provações de seus anos de vida pública, fizeram parte da estrada que o levou à cruz.

A diretora do colégio interno que frequentei costumava dizer: "Não ande com a Bíblia debaixo do braço se você não passa a vassoura debaixo da cama". Ela estava procurando uma fé genuína, que sempre é uma fé prática. Ela não queria nenhuma conversa espiritual saindo de um quarto bagunçado. A poeira debaixo da cama falava mais alto do que qualquer "testemunho" piedoso.

"O Rei da Glória recompensa seus servos não segundo a dignidade de seu ofício, mas segundo o amor e a humildade com que o desempenham."[28]

Durante os três anos de Jesus como um rabino itinerante, ele aprendeu o que significava estar cansado, faminto e sem teto. As pessoas comuns o ouviam com alegria, mas a elite religiosa não o suportava. Citaram-no incorretamente e julgaram-no injustamente; ele foi mal interpretado e mal compreendido. Os eruditos do hebraico estavam sempre preparando-lhe armadilhas, desafiando-o, debatendo e discutindo com ele. Jesus foi elogiado e zombado, seguido e abandonado, amado e odiado, ouvido e rejeitado, coroado e crucificado. Ele tinha todos os motivos para se sentir solitário no mundo dos homens, mas foi assim que "aprendeu" e demonstrou para nós o significado da obediência — por meio das coisas que sofreu.

Se tudo o que ele agora pede de nós é a disposição de aceitar a relativamente pequena disciplina da solidão, não podemos ver isso como uma parte da sua dádiva de permitir que andemos com ele?

Andar com Cristo é trilhar o caminho da cruz. Se a cruz que somos chamados a tomar não nos for apresentada na forma de martírio, de algum tipo de ação heroica, de dragões ou

---

28 Vann, 92.

labirintos ou mesmo de "ministério" — algo que pelo menos tenha uma aparência espiritual —, devemos então concluir que fomos dispensados da exigência?

Ele nunca dispensa a exigência.

Há um pote de ouro, há uma recompensa do Rei, mas ela só chega ao final da jornada. Ao longo do caminho, porém, há inúmeras alegrias, se apenas provarmos e vermos que o Senhor é bom. Samuel Rutherford, perseguido por muitos anos por causa de sua obediência à verdade (como ele a entendia), escreveu cartas repletas de expressões da doçura de suas tribulações e da amabilidade de Cristo. Ele conheceu o lado negro da cruz e, ainda assim, foi capaz de escrever para Hugh Mackail, em 1636:

> Creia-me, irmão, escrevo-te de próprio punho que todo aquele que olhar para o lado claro da cruz de Cristo e for capaz de tomá-la de modo varonil, com fé e coragem, concluirá que ela é um fardo tão pesado quanto as velas são para um navio ou as asas, para um pássaro. Tenho descoberto que o meu Senhor enfeitou aquele madeiro sombrio, perfumou-o e o ungiu de júbilo e alegria.[29]

Milhares e milhares (eu sou uma dentre eles) têm descoberto a mesma verdade.

---

29 *The letters of Samuel Rutherford* (Chicago: Moody Press, 1951), 129.

16

Faça-me um bolo

Quando Maria von Trapp era uma jovem moça, ela amava as montanhas da Áustria, sua terra natal. Ela se entusiasmava ao pensar que Deus lhe dera aquelas montanhas como um presente para o seu deleite.

"Se Deus me deu tudo isso", disse ela, "o que posso dar a ele?".

Considerando o que tinha para dar, ela percebeu como tudo era insignificante. Ela sabia que devia dar tudo, o que para ela significava entregar sua vida da maneira mais literal: indo para um convento, tornando-se freira para nunca mais sair. Como muitos discípulos descobrem, a vontade de Deus acaba sendo bem diferente de suas expectativas. Maria foi para o convento, mas logo foi enviada para outro lugar como governanta dos filhos de um viúvo. Assim começa a história de *A noviça rebelde*, familiar para milhares de pessoas.

Dar tudo a Deus deve significar que eu lhe dou não apenas o meu corpo como um sacrifício vivo, mas também tudo o mais: tudo o que sou, tudo o que tenho, tudo o que faço e tudo o que sofro. Isso cobre um território imenso, mas o solo específico que estamos discutindo é uma forma de sofrimento em particular: a solidão. Eu mencionei que isso pode ser visto como uma dádiva — algo recebido e aceito. Uma dádiva também pode ser algo oferecido.

Maria von Trapp começou oferecendo a Deus o dom de si mesma. Devemos começar por aí também. Ao fazermos isso, não "enriquecemos" o Senhor, pois, como diz a velha oração, "tudo vem de ti, e das tuas mãos to damos". Nós não temos nada, exceto o que já pertencia a Deus em primeiro lugar.

"Rogo-vos [...] pelas misericórdias de Deus, que apresenteis o vosso corpo por sacrifício vivo, santo e agradável a Deus, que é o vosso culto racional" (Rm 12.1).

Esse é o lugar para se começar. Em sua sabedoria e bondade, Deus deu a cada um de nós um corpo particular, por ele projetado e construído, preparado para nós, o qual traz consigo a imagem dele, mas é distinto de todos os demais. Não podemos oferecê-lo a menos que primeiro o "recebamos", isto é, o aceitemos — com suas belezas, imperfeições, limitações e potencialidades. Este corpo, e o de mais ninguém, é minha oferta. Ele não é, contudo, mero sangue, osso e pele. É a morada do "ego" — espírito, mente, coração, vontade, emoções, temperamento. Ele deve ser oferecido de todo o coração, com simplicidade, sem questionamentos sobre sua adequação. Ele é *sagrado* como o eram os utensílios do tabernáculo (panelas, pás, espevitadeiras, recipientes de incenso e todos os demais, por mais comuns que fossem) — por terem sido oferecidos (consagrados e separados) para aquele serviço.

Todas as ofertas feitas a Deus são importantes para ele por causa daquela única e singular oferta que Cristo fez por nós.

Somos unidos a ele nisto — estamos realmente "crucificados com Cristo". Então, este corpo, que é a morada do meu ego, torna-se a morada do próprio Deus — um templo do Espírito Santo. Não pertence a mim mesma. Ele é *aceitável* a Deus porque eu sou uma com Cristo e a minha oferta é incluída na oferta dele.

O amor de Deus ao aceitar tal oferta é como o amor de um pai cujo filho lhe dá um presente comprado com o dinheiro que o pai lhe deu. É um amor muito terno e compassivo. Ele reconhece que o amoroso presente do filho vem de sua absoluta pobreza. O pai, que já deu tudo ("Meu filho, tu sempre estás comigo; tudo o que é meu é teu" - Lc 15.31), dá algo a mais, para que seu filho tenha algo a dar.

Tendo apresentado o nosso corpo, há algo mais que possamos dar? A resposta é sim, há tudo o mais — tudo o que Deus nos deu. Quando os filhos de Deus lhe apresentam os seus dons na igreja — música, orações, dinheiro, pão e vinho —, apresentam-lhe tão somente o que lhes tem sido dado pela graciosa abundância divina. E novamente eles entregam *a si mesmos* sob esses sinais, pois apenas o dom que procede do amor abnegado pode ser oferecido. Aqui entramos no grande mistério do pão e do vinho. Cristo foi antes de nós, entregando-se a si mesmo: *Isto é o meu corpo; isto é o meu sangue*. Nós amamos, porque ele nos amou primeiro. Nós nos oferecemos, porque ele primeiro se ofertou, cada um dizendo ao outro: Minha vida pela sua. O grande mistério do pão e do vinho é Cristo se oferecendo em amor a nós e por nós — "Minha vida pela sua".

É importante entender muito claramente que nós não temos absolutamente nada a acrescentar ao sacrifício completo de Cristo, que é a nossa própria salvação. Sua oferta foi perfeita. Não tinha defeito algum. Nem tampouco há necessidade da velha ordem de sacrifícios (o sangue de cordeiros, de touros e todo o resto), pois Cristo estabelece uma nova ordem de obediência à vontade de Deus, na qual "temos sido santificados, mediante a oferta do corpo de Jesus Cristo, uma vez por todas. [...] Porque, com uma única oferta, aperfeiçoou para sempre quantos estão sendo santificados" (Hb 10.9-10, 14-15).

E assim ele concede que nos aproximemos. E assim ele recebe nossas ofertas, dadas em virtude de algo que ele nos deu quando nos criou: liberdade de escolha, para que possamos livremente escolher amá-lo e nos entregarmos a ele.

Não é de admirar que Paulo tenha dito: "Que tens tu que não tenhas recebido?" (1Co 4.7).

Uma vez que eu tenha dado meu tudo, posso especificamente oferecer meu tempo, meu trabalho, minhas orações, minhas posses, meu louvor e — sim — meus sofrimentos. É nesse misterioso sentido que enxergo a solidão como uma dádiva: não é apenas algo a ser aceito, mas algo a ser oferecido, pois Matheson deu não apenas a vida que devia, mas o desejo insatisfeito de seu coração.

Não será legítimo, então, pensar na solidão como material para o sacrifício? O que eu coloco no altar da consagração é simplesmente o que eu *tenho* neste momento, o que quer que eu encontre agora em minha vida de trabalho e oração, alegrias e sofrimentos.

Algumas pessoas veem a solteirice como uma desvantagem, uma deficiência, uma privação, até mesmo uma maldição.

Outras a veem como um grande trunfo, uma permissão para viver desregradamente, uma oportunidade de fazer o que lhes der na telha. Eu a vejo como uma dádiva. Transformar essa dádiva numa oferta pode ser a coisa mais custosa que alguém pode fazer, pois significa renunciar a um precioso sonho sobre o que se queria ser, assim como aceitar o que não se queria ser. *Como estão mudadas as minhas ambições!*, talvez tenha pensado o apóstolo Paulo, pois ele escreveu: "Quero conhecer a Cristo" (Fp 3.10, NVI).

Durante os meses da doença terminal do meu segundo marido, às vezes eu sentia que não suportaria nem mais um dia vendo-o sofrer ou o acompanhando em uma visita àquele médico que nos explicaria os procedimentos terríveis a serem feitos a seguir — tais como a retirada da mandíbula por causa do câncer de lábio ou a castração por causa do câncer de próstata. Tudo em mim dizia NÃO! NÃO! NÃO! NÃO! O sofrimento de Add tornou-se meu. As madrugadas eram repletas de imagens horripilantes de coisas muito piores do que a morte, e eu estava com medo. O que eu faço?

A resposta veio a mim.

"Ofereça".

Meus olhos se abriram a essa possibilidade através da leitura do clássico de Evelyn Underhill, *The Mystery of Sacrifice* [O mistério do sacrifício]. Até então, eu não havia aprendido a profunda verdade sobre fazer de toda a vida uma libação, mas esse livreto chegou às minhas mãos apenas três meses antes de descobrirmos a doença de meu marido. Não sei o que teria feito sem ele.

Esperança na Solidão

Oferecer o *quê*? Senti-me como a desamparada viúva de Sarepta, prestes a usar o resto da farinha e do azeite que se colocava entre a inanição de seu filho e a sua própria, quando Elias apareceu e lhe disse que fizesse um bolo para ele primeiro. Por ser a palavra do Senhor, ela obedeceu. Os efeitos dessa obediência foram muito além de sua imaginação. "Assim, comeram ele, ela e a sua casa muitos dias. Da panela a farinha não se acabou, e da botija o azeite não faltou, segundo a palavra do SENHOR, por intermédio de Elias" (1Rs 17.15-16).

Foi apenas a vaga lembrança do fragmento de um poema de Amy Carmichael que me trouxe à mente a analogia entre o sofrimento e a pobreza da viúva de Sarepta. Reproduzo-o aqui na íntegra:

NADA EM CASA

Tua serva, Senhor, nada tem em casa,
nem um pequeno pote de óleo sequer;
pois aquele que não vem senão para corroer
invadiu meu pobre lar de novo, sem pudor,
o implacável homem armado, a quem os homens
chamam Dor.

Pensei que tivesse coragem em casa,
perseverança, calma e paciência,
cantos alegres, até; agora tenho ciência
tua serva em verdade não tinha nada,
e pior: meu pássaro canoro tem a asa quebrada.

Faça-me um bolo

Minha serva, cheguei à tua casa —
Eu, que os extremos da Dor conheço tão bem
que jamais preciso ouvir de ninguém
do seu poder de carne e espírito afligir:
não fui eu que flagelo, espinho e cravo senti?

E eu, seu Conquistador, estou em tua casa,
não turbes o coração nem haja em ti temor:
por que o farias, filha Minha, se aqui estou?
A asa de teu canário meu toque há de curar,
e um canto mais bravio o ouvirás entoar.[30]

Eu não tinha nada em casa. Nada, exceto essa dor. Dor — uma oferta? O que o Senhor poderia fazer com aquilo?

"Faça-me um bolo". Em outras palavras, Elias disse: Há *algo* que você pode fazer. Mesmo em sua pobreza, você pode me dar algo. Pode não parecer muito, mas é exatamente aquilo de que preciso. Se você me der, posso fazer algo que não faria sem ele.

"Sacrifícios agradáveis a Deus são o espírito quebrantado; coração compungido e contrito, não o desprezarás, ó Deus" (Sl 51.17). Assim, da melhor maneira que pude, eu o ofereci.

Isso foi há quinze anos. Levei muito tempo para assimilar essa grande lição. Ainda não domino o assunto, mas a minha compreensão de sacrifício foi transformada e isso também transformou a minha vida. A ênfase agora não está na perda,

---

[30] Amy Carmichael, "Nothing in the House", em *Toward Jerusalem* (Copyright 1936, Dohnavur Fellowship). Publicado por Christian Literature Crusade, Inc., Ft. Washington, Pennsylvania, 44.

privação ou no preço a ser pago. Vejo-o como um ato de culto racional e como uma dádiva que Deus me deu para que eu lhe dê de volta, *a fim de que ele possa fazer algo daquilo*.

Quando Add morreu, em setembro de 1973, o Senhor em sua misericórdia me ajudou a ver um pouco mais claramente, em minha segunda viuvez, o que eu apenas vagamente percebera na primeira: uma dádiva, um chamado e uma vocação, não apenas uma circunstância para se suportar. As palavras de Paulo tornaram-se vivas: "Ande cada um segundo o Senhor lhe tem distribuído" (1Co 7.17).

Então o Senhor é quem me havia distribuído aquela dádiva da viuvez. É este o pequeno "bolo" que queres de mim, Senhor? Então vou assá-lo para ti. Aqui está.

O que vem em seguida? "Oferecer-te-ei sacrifícios de ações de graças" (Sl 116.17). É maravilhosamente reconfortante ter a certeza absoluta de que estamos fazendo a vontade de Deus. Eis aqui uma matéria sobre a qual não pode haver dúvida alguma: "Em tudo, dai graças, porque esta é a vontade de Deus em Cristo Jesus para convosco" (1Ts 5.18).

# A glória do sacrifício

Enquanto a viúva de Sarepta trabalhava para assar aquele pequeno bolo para Elias, pergunto-me se ela murmurava algo como: "Do que ele está falando? Um punhado de farinha e uma botija de óleo quase vazia — devo fazer *dois* bolos com isso? Mas — 'Assim diz o Senhor, Deus de Israel'. Bem, aqui está um pedaço de lenha. 'Assim diz o Senhor, Deus de Israel'. Ali, achei mais um. Acende o fogo. Mistura a massa. Veremos".

Quando tudo o que temos a oferecer parece pateticamente pequeno e lamentavelmente pobre, devemos oferecê-lo mesmo assim, com a obediência da viúva e a simplicidade de uma criança que traz uma flor amassada para a sua mãe. A criança não fica amarga e ressentida com a pobreza de sua oferta. Ela está feliz por ter *algo*. Quantidade e qualidade nem sempre estão sob nosso controle, e o que o Senhor pode fazer com aquilo não é da nossa conta. Essa parte está sob o controle dele. Ele mesmo sabe o que fará. Que a nossa oferta seja livre, humilde, incondicional, dada na plena confiança de que a transformadora energia divina pode ajustá-la à consecução dos seus propósitos.

Poucos dias depois que Addison Leitch me pediu em casamento, ele escreveu o que chamei de sua "carta geriátrica". Ele tinha sessenta anos e eu, quarenta e dois; e ele não queria que eu me casasse com um velho sem saber no que estava entrando. Ele apresentou uma prévia das próximas atrações. Chegaria o dia, ele previu, em que eu teria que limpar seus óculos, assumir a direção e várias outras tarefas mais onerosas. Será que eu estava pronta para aquilo? Seu parágrafo de conclusão foi inesquecível:

"No entanto, eis-me aqui, tudo de mim, para você, para sempre. *Mas que tipo de oferta é essa?*"

Eu aceitei a oferta. Eu o amava. Nada mais importava. Suas previsões se concretizaram exatamente na ordem dada, mas o amor é um agente transformador.

Quando nos entregamos a Deus — "tudo de mim, para ti, para sempre" — ou quando lhe apresentamos algo aparentemente tão inútil como a solidão, que tipo de oferta é essa?

Não importa. Nossas ofertas se tornam parte da oferta que Cristo fez de si mesmo. Ele o fez por amor ao Pai ("Eis aqui estou [...], para fazer, ó Deus, a tua vontade"; "Pai, nas tuas mãos entrego o meu espírito!" [Hb 10.7; Lc 23.46]). Ele o fez também por amor a nós, que dela tanto necessitávamos. Haveremos de segui-lo aqui, amando o Pai o bastante para nos entregarmos totalmente a ele e, por amor, alcançarmos aqueles que não parecem (Deus nos perdoe por nosso orgulho!) "merecê-lo"? "Vivam em *amor, seguindo o exemplo* de Cristo, que nos amou e se entregou por nós como oferta e sacrifício de aroma agradável a Deus" (Ef 5.2, NVT, grifo acrescido).

A glória do sacrifício

O apóstolo Pedro toca a mesma nota ao nos dizer que, à medida que somos edificadas numa casa espiritual para Deus, tornamo-nos sacerdócio santo (Nós? Sacerdócio santo? Imaginem só!) para oferecermos sacrifícios espirituais agradáveis a Deus.[31] Se a função primária do sacerdócio é oferecer sacrifícios, então essa deve ser nossa função primária como seus sacerdotes. Toda a vida se torna uma contínua oferta para o louvor de Deus.

Podemos renunciar a tudo por amor a Deus? Quando a entrega de nós mesmos parece ser uma exigência muito grande, isso se dá, em primeiro lugar, porque os nossos pensamentos sobre o próprio Deus são mesquinhos. Não o temos visto de fato; dificilmente o temos provado e aprendido quão bom ele é. Em nossa cegueira, aproximamo-nos dele com desconfiada reserva. Questionamos quanto de nossa diversão ele pretende estragar; quanto exigirá de nós; quão alto é o preço que devemos pagar antes que ele seja aplacado. Se tivéssemos a mínima noção de sua amorosa bondade e terna misericórdia, de seu cuidado paternal para com seus pobres filhos, de sua generosidade e de seus lindos planos para nós; se soubéssemos quão pacientemente ele espera que nos voltemos para ele, quão gentilmente ele pretende nos conduzir a pastos verdes e águas tranquilas, quão cuidadosamente ele está preparando um lugar para nós, quão incessantemente ele está ordenando, orquestrando e projetando o seu Plano Mestre para o nosso bem — se tivéssemos qualquer ideia de tudo isso, será que seríamos

---

31 Veja 1 Pedro 2.5.

relutantes em abrir mão de nossas flores amassadas ou do que quer que tenhamos agarrado com tanta força em nossas mãozinhas suadas?

"Nós não o amamos com nosso coração inteiro. Nós não amamos nosso próximo como a nós mesmos".[32]

Se com coragem e alegria nos derramarmos por ele e pelas pessoas por causa dele, não é possível perder, em qualquer sentido último, nada que valha a pena reter. Perderemos a nós mesmas e o nosso egoísmo. Ganharemos tudo o que vale a pena ter.

E se não o fizermos?

Há uma velha história de um rei que ia às ruas do vilarejo para saudar seus súditos. Sentado à beira da estrada, um mendigo avidamente ergueu seu prato de esmolas, certo de que o rei contribuiria generosamente. Em vez disso, o rei pediu ao mendigo que lhe desse algo. Pego de surpresa, o mendigo pescou três grãos de arroz de seu prato e os pôs na mão estendida do rei. Quando, ao final do dia, o mendigo contou o que havia recebido, para seu espanto encontrou três grãos de ouro puro no fundo de sua tigela. *Ah! Se eu lhe houvesse dado tudo!*

Um aspecto do sacrifício, tal como visto nas Escrituras, é a glória. Esse elemento, embora nem sempre aparente, sempre está lá. No Antigo Testamento, encontramos a magnífica história da obediência de Abraão ao ser ordenado a sacrificar seu amado filho Isaque. Que profundeza de sofrimento ele suportou por amor de Deus; que revelação lhe foi dada do amor de Deus por ele; que demonstração, para cada geração futura,

---

[32] Extraído de "*A penitential order: rite one*", em The Book of Common Prayer, 1979.

do significado da fé e da obediência! Mas nada disso estava em sua mente atormentada enquanto ele subia o monte: nenhum indício de glória, apenas de um cruento holocausto. Seu coração paterno suportou a agonia porque ele amava o seu filho e amava o seu Deus.

Mas a glória veio em seguida:

> Jurei, por mim mesmo, diz o SENHOR, porquanto fizeste isso e não me negaste o teu único filho, que deveras te abençoarei e certamente multiplicarei a tua descendência como as estrelas dos céus e como a areia na praia do mar; a tua descendência possuirá a cidade dos seus inimigos, nela serão benditas todas as nações da terra, porquanto obedeceste à minha voz.
>
> Gênesis 22.16-18

Muito depois, quando a casa do Senhor foi reparada e purificada sob o rei Ezequias, houve uma grande celebração com sacrifícios e música. No momento em que Ezequias ordenou que o holocausto fosse posto no altar e queimado, os cantores começaram a cantar, as trombetas soaram, toda a assembleia se prostrou. Uma grande alegria acompanhou um grande sacrifício. Por que seria diferente conosco?

Após a crucificação, veio a ressurreição. Após a ressurreição, a ascensão. Porque Jesus usou uma coroa de espinhos, ele agora usa uma coroa de glória. Porque se tornou pobre, agora está sentado no trono. Porque abriu mão de sua reputação, agora tem um nome que está acima de todo nome. Porque estava disposto a tornar-se servo, agora é o Senhor de tudo. Porque foi obediente até à morte, ele é o Senhor da Vida e possui as chaves do inferno e da morte. Porque abriu mão de sua reputação, todo joelho um dia se dobrará diante dele. Cada renúncia conduz à glória.

Deus não poderia nos mostrar mais completa e claramente a gloriosa verdade da vida que vem da morte, senão por meio desses paradoxos da própria vida e morte de Jesus. Não está claro para nós que o sacrifício do Calvário não foi uma tragédia, mas a liberação de vida e poder? Cremos nisso? Como é difícil crer que nossa própria oferta a Deus funcionará da mesma forma! Como é fácil, para a maioria de nós, viver como se não crêssemos nisso.

Ele nos chama a participarmos não apenas de sua cruz, mas também de sua glória. "Se já morremos com ele, também viveremos com ele; se perseveramos, também com ele reinaremos" (2Tm 2.11-12). E, como nos mostram as pinturas de sementes de Lilias Trotter, uma morte mais profunda tem poderes infinitos de multiplicar a vida em outras almas.

Acaso ele é um Senhor severo, por nos chamar a sofrermos com ele? Achamos que ele é mesquinho, injusto e sem amor? Mas estas são suas *promessas*:

"Deus [...] cumpre seus propósitos para mim".

"Senhor, meu Deus, tu nos fizeste muitas maravilhas".

"Tudo está a serviço de teus planos".

"Deus faz todas as coisas cooperarem para o bem".

"Em Cristo nós nos tornamos herdeiros de Deus, pois ele nos predestinou conforme seu plano e faz com que tudo ocorra de acordo com sua vontade". O propósito de Deus era que nós, os primeiros a confiar em Cristo, louvássemos a Deus e lhe déssemos glória".

"Queremos vestir nosso corpo novo, para que este corpo mortal seja engolido pela vida. Deus nos preparou para isso".[33]

Seis versículos dentre muitos que são garantias divinas. Guardá-los em meu coração, assim como em minha mente, altera a minha compreensão do significado da vida. Se estou em Cristo, eu realmente não posso perder.

É uma velha, velha história. E é minha também. É minha história, minha canção. Jesus Cristo me deu Água Viva. Jesus Cristo é o meu Pão. Jesus Cristo é a minha vida. Ele é Jesus, a Alegria dos Homens. Eu tenho o mesmo corpo, o mesmo temperamento, com as mesmas paixões e a mesma história, mas sei que todos esses "dados" são passíveis de transformação. Por esse motivo:

> Tem a cruz para mim atrativos sem fim:
> Nela foi que Jesus me salvou.[34]

---

33 Salmo 57.2; Salmo 40.5; Salmo 119.91; Romanos 8.28; Efésios 1.11-12; 2 Coríntios 5.5, todos da NVI.
34 N. T.: "Salmos e hinos", 110.

18

Uma parte nos sofrimentos de Cristo

Ontem à noite, Valerie me ligou para pedir oração por seu filho de dez anos. Ele havia chorado naquela manhã por se sentir muito sozinho na escola, mesmo sendo uma escola cristã. Foi difícil para ele quando a família deixou o Mississippi e se mudou para a Califórnia, pois ele temia não ter amigos. Ele e eu oramos juntos para que Deus lhe desse um amigo do peito na Califórnia. Ele ainda não encontrou um, embora nove meses tenham se passado.

"Às vezes acho que devo fazer as coisas ruins que as outras crianças fazem", ele disse, "só para não pensarem que sou um bobão. Talvez eu devesse falar palavrões, desobedecer aos professores ou algo assim. Eu gostaria de que houvesse pelo menos um cara do meu lado".

Este coração de avó se apertou ao pensar na solidão daquele querido garotinho. Eu pedi ao Senhor para confortá-lo e, de alguma forma, mostrar-lhe que esse é um preço que ele está pagando pela fidelidade, pela qual o Senhor um dia o recompensará muito além de seus sonhos. Pedi sabedoria para seus pais, à medida que eles tentam apontá-lo para a cruz.

Pode Deus ajudar aquela criança a enxergar além da sala de aula e do parquinho, a ver o invisível? Pode ele mostrar-lhe essa primeira lição difícil sobre o que significa tomar a cruz? Creio que sim. Oro para que ele o faça. Se, até agora, a resposta à oração por um amigo tem sido "Não", tal fato me indica que Deus não acha que ele precise do amigo agora — pois Deus prometeu suprir nossas necessidades. O que não temos agora, não é necessário agora. Possivelmente, a própria negativa divina é para que o garoto possa aprender, nesse momento crucial de sua vida, a se voltar para Deus em oração por uma necessidade que ele sente profundamente.

Quando um homem ou uma mulher, um menino ou uma menina, aceita o caminho da solidão por amor a Cristo, isso tem ramificações cósmicas. Essa pessoa, em uma transação secreta com Deus, realmente faz algo pela vida do mundo. Isso parece quase inconcebível, mas é verdade, pois é uma parte do mistério do sofrimento que nos foi revelado.

As crianças que zombam de Walter como "o queridinho do professor", por ele fazer o que é mandado, não têm a menor ideia de que Deus entrou em cena. É a última coisa que viria à mente de uma criança sem a ajuda de uma pessoa mais velha. Submeter-se às autoridades que Deus coloca sobre nós é submeter-se a Deus. A rebelião é o espírito do que a Bíblia chama de "o mundo", e temos a própria Palavra do Senhor para o que Walter está sofrendo: "Se vós fôsseis do mundo, o mundo amaria o que era seu; como, todavia, não sois do mundo, pelo contrário, dele vos escolhi, por isso, o mundo vos odeia. Lembrai-vos da palavra que eu vos disse: não é o servo maior do que seu senhor" (Jo 15.19-20).

Aceitar uma obediência difícil por causa de Cristo é tomar a cruz. É a cruz *de Cristo*. Ele não nos daria uma que ele mesmo não estivesse carregando, que ele mesmo não tenha suportado no Calvário. Cada vez que meu coração diz SIM por amor a Cristo, embora minha natureza humana diga NÃO, ali a cruz está sendo tomada. Ali eu me torno um pouco mais como meu Mestre; ali vivo nele; ali participo de sua obra de cumprir a vontade do Pai na terra.

Por muitos anos, pensei que "sofrer por Cristo" dissesse respeito apenas às formas de sofrimento que eram o resultado direto de alguém testemunhar publicamente acerca dele ou servi-lo de alguma maneira especialmente significativa. Eu presumia que, quando Paulo escreveu aos colossenses: "Agora, me regozijo nos meus sofrimentos por vós" (Cl 1.24), ele se referia a estar na prisão por causa de algo que havia feito em favor deles. Sem dúvida, isso é verdade, mas não da maneira limitada que eu pensava. Ele quis dizer muito mais. Ele viu a grande verdade da "troca" — o fato de que o seu sofrimento traria o bem para outrem, e isso não apenas para a igreja em Colossos. Paulo prossegue dizendo: "E preencho o que resta das aflições de Cristo, na minha carne, a favor do seu corpo, que é a igreja; da qual me tornei ministro de acordo com a dispensação da parte de Deus, que me foi confiada a vosso favor" (Cl 1.24-25). Embora não seja difícil ver a tarefa de um apóstolo como uma atribuição divina, muitas vezes é difícil ver a nossa própria como sendo, em qualquer sentido, divinamente atribuída.

Esperança na Solidão

Quando Add morreu, um de seus amigos íntimos, um ministro que eu nunca havia conhecido, escreveu-me dizendo crer que eu havia recebido "uma vocação para o sofrimento". A frase parecia exageradamente dramática. Eu conseguia pensar em milhares cujos sofrimentos faziam o meu parecer insignificante. Mas as formas de sofrimento que experimentamos não são "eletivas". E, embora eu não *sentisse* que tinha alguma vocação especial, talvez fosse uma *vocação* mesmo assim. Deus havia me chamado. Ele me chamara para aprender dele estando sozinha — de novo. Aquela era a atribuição do momento.

Se Paulo pôde "preencher" ou "completar", em sua "carne", o que restava das "aflições de Cristo", não é possível que também nós possamos fazê-lo? Não podemos nós também encontrar verdadeira felicidade na medida de nossas adversidades, sejam elas triviais ou sérias? Imagine conseguir falar do sofrimento como felicidade. Nós o consideraríamos absurdo ou masoquismo, se o apóstolo não houvesse nos mostrado que o sofrimento nunca é inútil, mas pode, pela graça, abençoar os outros. Ele tem ramificações eternas quando estamos dispostos a recebê-lo com fé. Em cada tarefa que nos é atribuída, tornamo-nos *cooperadores* em um grande mistério que ele chama de conclusão de uma "dispensação". Nossa cooperação afeta o Corpo de Cristo (a Igreja) e, portanto, por extensão, o mundo inteiro.

Embora estejamos "sozinhas" do ponto de vista do mundo, não somos, do ponto de vista de Deus, instrumentos solitários. Pertencemos a uma orquestra e contribuímos para a harmonia ao tocarmos a nossa própria parte no instrumento que nos é dado.

Ou, para usar a metáfora bíblica mencionada anteriormente, os cristãos são como mãos, pés ou olhos — partes de um corpo. Paulo explica a operação desse Corpo místico nos simples termos de um corpo humano — uma harmonia de muitas partes sob a mesma cabeça, todas contribuindo para a perfeita operação conjunta do todo. Se uma parte reclamar que, por ser diferente da outra, não pertence ao corpo, essa reclamação não mudará os fatos. Sim, ela pertence. Se todas as partes tivessem o mesmo propósito e função, não haveria "corpo" nenhum. A unidade é criada da diversidade, não da uniformidade. Uma parte não pode acusar outra de ser supérflua simplesmente porque aquela não está fazendo o mesmo trabalho.

> Não podem os olhos dizer à mão: Não precisamos de ti; nem ainda a cabeça, aos pés: Não preciso de vós. [...] Deus coordenou o corpo, concedendo muito mais honra àquilo que menos tinha, para que não haja divisão no corpo; pelo contrário, cooperem os membros, com igual cuidado, em favor uns dos outros.
>
> 1 Coríntios 12.21, 24-25

Suponha que o Supremo Projetista visse que a Igreja, a qual é o seu Corpo, não funcionaria adequadamente, não seria harmoniosa e equilibrada, sem pessoas solteiras. Ele vê que a Igreja *precisa* delas. E suponha que a resposta delas seja: "Eu não quero essa função. Não me sinto confortável com isso. Por que devo ser designada como essa peça específica do mecanismo? Não, obrigada. Minha função no Corpo deve ser escolha minha. Quer dizer então que as 'partes mais humildes' têm uma honra especial? Vou abrir mão dessa honraria, muito obrigado. Do jeito que as coisas estão agora, não aguento ficar solteira. Não dá para mim".

O que essa pessoa está dizendo? Seja feita a *minha* vontade. Vou me chamar de cristã, mas não aceito as condições. Vou servir, mas apenas da maneira que eu escolher. Sou eu quem vai dar as cartas.

Mesmo nestes tempos em que a ênfase está basicamente em as mulheres terem uma carreira, o modelo ainda estimado pela maioria das que falam comigo inclui casar-se com o Sr. Homem Certo, ter uma casa e pelo menos um ou dois filhos. A experiência de uma dessas mulheres foi semelhante à minha:

> Imatura e terrivelmente ingênua quanto aos propósitos mais elevados de Deus, eu não conseguia enxergar a amorosa "cerca viva" que ele havia colocado ao meu redor. Nenhum estudante do sexo masculino por quem eu me apaixonei sequer notava minha existência. Quem gostava de mim não era meu tipo.
>
> Os métodos de Deus me afiar continuam variando, mas minhas lutas com a solteirice continuam quase as mesmas, com esta única exceção: eu fiz as pazes com o futuro espectro de viver todos os meus dias como uma "solteirona" ou "ficar para titia". Essas duas expressões e as conotações que elas evocam costumavam causar terror em minha alma. Finalmente, após anos e anos fugindo da possibilidade de nunca conhecer o amor de um homem piedoso, eu disse ao Senhor: "Sim. Apenas

preciso que tu cuides de mim". No entanto, devo ser honesta e acrescentar que continuo a esperar que o celibato não seja o meu destino para sempre. Ainda assim, estou pronta a orar: "Não se faça a minha vontade".

Ela passa a descrever sentimentos "doentios", sentimentos de raiva, desespero, pânico, desfalecimento. "Eu me engasgo com o terrível gosto da incredulidade. Querido Deus, ajuda-me na minha falta de fé". Ela fala dos "conflitos mentais" que enfrenta quando amigos se casam e têm bebês saudáveis, reconhecendo em si mesma o ressentimento do irmão mais velho do filho pródigo.

Ela revelou sua alma para mim em muitas outras páginas — uma alma muito humana e feminina, que se esforça muito para ser honesta. O medo de ficar solteira era sinônimo do medo de um futuro no qual ela não pudesse "sentir-se realizada".

"Sra. Elliot, a senhora é capaz de perceber nesses trechos alguns de meus conflitos e batalhas internas?", ela pergunta.

Se sou capaz? Ah, Deus do Céu, e como sou! Eu percebo completamente, pois já estive lá. Foi por essa mesma razão que escrevi a ela acerca do todo misterioso e celestial sistema de sacrifício que tanto me tem confortado e revelado a glória de compartilhar com Cristo de sua obra redentora. Isso mudou minha reação à vida, com todos os seus labores, alegrias e problemas. Sou chamada a estar perto, ao lado do Redentor, e recebo uma pequena atribuição que traz consigo o poder de *ajudar a completar* a cota ou o que resta de seus próprios sofrimentos. A escolha é minha.

Também queres retirar-te?, ouço-o dizer. *Ou virás comigo?*

Uma estranha paz

Pouco antes de minha única filha entrar no seu primeiro ano de faculdade, aquela "maré repentina" me atingiu certa manhã enquanto eu estava trabalhando na cozinha. Valerie foi a grande alegria da minha vida por dezessete anos. Quando ela tinha cerca de onze ou doze anos, amigos me ouviram falar do que me parecia ser uma relação quase perfeita de mãe e filha. "Oh, mas espere até ela virar uma adolescente!", eles avisaram. "Aí você terá alguns momentos difíceis". Eu ainda estava esperando. Não podia conceber a vida sem ela.

"Ela cresceu", disse a mim mesma. "Meu trabalho está terminado, o trabalho que eu amei mais do que qualquer outra coisa que já fiz. O ninho está prestes a ficar vazio".

Tomada pela tristeza, sentei-me à mesa de vime, peguei o telefone e liguei para Van, que é o tipo de amiga para quem você não precisa explicar as coisas. Enquanto eu falava, comecei a chorar.

"Está tudo bem, Bet", disse ela calmamente. "Vai ficar tudo bem".

Van não precisava me explicar o que queria dizer. Ela sabia que eu entendia. Nós cremos nas mesmas coisas — coisas como: *Tudo ficará bem, tudo ficará bem, e todo tipo de coisa ficará bem.*[35] Mas eu precisava ouvi-la dizer isso. Eu precisava receber, na voz dela, o Verbo que se fez carne.

Naquela manhã, minha alma estava em um turbilhão diante de um novo conjunto de ordens de marcha, assim como Kathy ficou quando sua filha mais nova estava indo embora. Novas circunstâncias abririam novos campos para a confiança, um novo poder para ajudar a "completar o que resta", se ao menos minha resposta fosse SIM.

A simples palavra de Van, "Vai ficar tudo bem", me encorajou a crer e a observar. Aprendi que nessa renúncia eu tinha aquilo que a semente que cai no solo tem — um novo potencial para dar vida. Eu ficaria sozinha, mas agora tinha algo precioso para oferecer em amor ao meu Senhor, o que, por sua vez, tornaria minha solidão algo completamente diferente. De alguma forma misteriosa que eu não conseguia prever, aquela oferta traria frutos. Isso faria diferença para a completude do corpo, do qual sou apenas um membro em particular.

A "completude" do corpo. Aquilo me trouxe uma nova compreensão — a completude do corpo é a santidade do corpo. Um corpo saudável tem saúde em todas as suas partes. À medida que cada membro cresce em santidade, o corpo cresce em completude. Santidade é o que importa para Deus. A

---

35 Santa Juliana de Norwich.

santidade ou completude de um membro do corpo faz diferença para todos os demais.

A maneira como respondo aos "dados" de minha experiência diária determina meu crescimento em santidade. Quando oramos: "O pão nosso de cada dia dá-nos hoje", Deus responde a essa oração, medindo exatamente o quanto precisamos para o crescimento espiritual e físico. Ele sabe que o vigor espiritual não pode se desenvolver sem conflito. Devemos abrir as duas mãos para receber o que é dado, com submissão, humildade, às vezes coragem ou, até mesmo, como disse uma amiga, "como um desafio", dizendo a nós mesmas: *Isso é parte da história*, a história do amor de Deus por mim e do meu amor por ele.

Isso é aceitação no mais verdadeiro sentido. É aqui que se encontra a verdadeira paz — aquela paz estranha e inexplicável que Jesus prometeu.

Rumer Godden, em seu romance *In This House of Brede* [Nesta casa de tranças], descreve o significado do emblema de um certo mosteiro:

> O lema era *Pax*, mas a palavra estava colocada dentro de um círculo de espinhos. Paz: mas que paz estranha, feita de labuta e esforço incessantes, raramente com um resultado perceptível; sujeita a constantes interrupções, demandas inesperadas, sono curto à noite, pouco conforto, às vezes comida escassa; cercada de decepções e geralmente incompreendida; ainda assim, paz apesar de tudo, paz constante, cheia de alegria,

gratidão e amor. "A minha paz vos dou" — percebe que não é a paz do mundo?[36]

A única coroa que Jesus usou na terra foi uma coroa de espinhos.

O que essa coroa nos diz sobre o amor de Deus Pai? Muito, de muitas maneiras. Por um lado, isso nos diz que o amor dele não é algo sentimental, pois era forte o suficiente para ferir seu próprio Filho. Ele poderia tê-lo resgatado com "legiões de anjos". Mas não o fez.

O que a coroa de espinhos nos diz sobre o amor de Deus Filho? Diz-nos que ele era forte o suficiente para negar a si mesmo, forte o suficiente para sofrer. Ele poderia ter evitado a coroa e a cruz. Se ele tivesse aceitado Satanás em suas ofertas no deserto, teria escapado das duas. Mas não o fez. Antes, fixou o seu semblante como uma pederneira e, com determinação inabalável, moveu-se naquela direção, com todas as suas humilhações, interrupções, exigências, decepções e privações (esse foi o contexto da paz que ele nos oferece). Ele foi direto para Jerusalém — e foi cheio de alegria, gratidão e amor.

Ser cristão é fazer o tipo de escolha que nos leva diariamente a uma harmonia cada vez maior e mais próxima com o Espírito de Cristo. Com efeito, não podemos ser cristãos de modo algum a menos que tenhamos esse Espírito dentro de nós. Ao fazermos essas escolhas na liberdade da vontade que Deus nos deu, encontramos vida, alegria e paz. Jesus

---

36 Romer Godden, *In this house of brede* (New York: Viking, 1969), 3.

encontrou sua alegria e paz, sua própria "comida", na vontade do Pai. O servo (nunca nos esqueçamos disso) não é "maior do que seu Senhor".

E se escolhermos dizer NÃO?

É uma escolha perigosa. Quando Moisés fez a exortação final ao povo de Israel em Moabe, ele revisitou a história da fidelidade de Deus para com o povo. Então, disse:

> Cuidem que não haja entre vocês nenhum homem ou mulher, clã ou tribo cujo coração se afaste do Senhor, do nosso Deus, para adorar os deuses daquelas nações, e para que não haja no meio de vocês nenhuma raiz que produza esse veneno amargo. Se alguém, cujo coração se afastou do Senhor para adorar outros deuses, ouvir as palavras deste juramento, invocar uma bênção sobre si mesmo e pensar: 'Estarei em segurança, muito embora persista em seguir o meu próprio caminho', trará desgraça tanto à terra irrigada quanto à terra seca.
>
> Deuteronômio 29.18-19, NVI

Essa "raiz de amargura" é mencionada também em Hebreus, após uma passagem que relaciona santidade com paz. Aquele que abdica da graça de Deus é como uma erva daninha, amarga e nociva, que envenena a vida de outras pessoas. A recusa em aceitar a graça nos isola, assim como uma criança emburrada, mergulhada em sua própria miséria, rejeita ser consolada.

Esperança na Solidão

Certa noite, quando meu neto Jim Elliot Shepard tinha quase três anos, ele descobriu que seus pais estavam saindo de casa e que ele iria ficar com a vovó. Ele começou a chorar e, quando a porta se fechou, jogou-se no chão do corredor, chutando, gritando, batendo a cabeça no carpete. Eu o peguei em meus braços, o que exigiu não pouco esforço, já que ele se contorcia e berrava.

"Jim, quer que eu leia uma história para você?"

Berros e abanos de cabeça vigorosos.

"Vamos para a poltrona, vou lhe dar um colo."

Mais berros.

"Jim, querido, posso pegar um pouco de suco de maçã para você?"

Como a própria personificação da desolação e da miséria, ele apenas rosnou e berrou: "Não! Não! Não! Eu quero a mamãe!"

Tentei de tudo e então, no meu desespero, lembrei-me de orar. Por que não pensei nisso antes? Pedi ao Senhor que me mostrasse como confortá-lo.

"Vamos lá fora, Jim?"

Instantaneamente, ele relaxou em meus braços, virou seu rosto manchado de lágrimas para o meu e, engasgando-se com os soluços, acenou afirmativamente com a cabeça.

Ainda segurando-o em meus braços, abri a porta do carro. A forte doçura do jasmim enchia a noite quente do Mississippi. Ele respirou fundo, como se estivesse inalando a própria paz de Deus. Com um pequeno sussurro, ele disse: "Vovó, talvez nós vejamos algumas *estrelas*".

Uma estranha paz

Levei-o até o quintal, onde poderíamos olhar para o alto por entre as árvores. Ele ficou quieto por um longo tempo, aninhado em meu ombro, contemplando em silêncio o céu brilhante. E então: "Vovó, esse som que ouço são *grilos*. A senhora os ouve, vovó?".

A busca por satisfação à parte do amor de Deus é tão fútil quanto a recusa do pobre Jim ao único conforto que lhe estava disponível naquela noite. Ele queria a mamãe, e mamãe não estava lá. Quando enfim aceitou o que lhe era oferecido, ele saiu do deserto uivante de sua miséria e encontrou paz.

Meu tema é a libação — a oferta de nós mesmos, de tudo o que somos, temos, fazemos e sofremos. Sacrifício significa algo que se recebe e algo que se oferece.

Alguém pode estar se perguntando: *Como*, exatamente, eu faço isso? Hesito em prescrever um método para uma transação espiritual tão solene e vital. Deus conhece o seu coração e aceitará sua oferta de qualquer maneira que você puder, tenho certeza, mas uma coisa muito simples tem me ajudado: ajoelhar-se com as mãos abertas diante do Senhor. Ficar em silêncio por alguns minutos, colocando-se conscientemente na presença dele. Pensar nele. E, então, pensar no que você recebeu em termos das quatro categorias mencionadas (ser, ter, fazer, sofrer) — por exemplo, a dádiva de um filho ou, anos depois, do ninho vazio; a dádiva do trabalho ou da incapacidade de trabalhar; o casamento ou a solteirice; prazeres ou fardos;

alegria ou tristeza. Em seguida, visualize essa dádiva o melhor que puder, repousando ali, de mãos estendidas. Agradeça ao Senhor por qualquer aspecto dessa dádiva pelo qual você possa honestamente agradecer — se não for pela coisa em si, ao menos por sua capacidade de trazer transformação; ou pela soberania de Deus, por sua vontade em permitir que você tivesse essa dádiva, por seu amor infalível, pela promessa de sua presença em águas profundas e fornalhas ardentes, pelo modo como você sabe que ele está trabalhando para o seu bem. Então, simplesmente, ofereça-a. Tome a dádiva que Deus lhe dá e faça dela uma libação para ele. Erga suas mãos. Esse é um ato físico que denota seu amor, sua aceitação, sua ação de graças e sua confiança de que o Senhor fará disso algo redentor para a completude do corpo, até mesmo para a vida do mundo.

Não procure por resultados dramáticos. Talvez não haja nenhum resultado perceptível. Como me disse meu querido amigo Frank Murray, um irmão mais velho no Senhor, a respeito de um assunto sobre o qual havíamos orado: "É um erro medir tais coisas pela introspecção. Deus ouviu e respondeu. E isso é tudo. Deixe que a resposta se manifeste em seu próprio tempo e à sua maneira".

Acho que você começará a conhecer a estranha paz que não é como a do mundo.

Ajude-me a não querer tanto

Quem dentre nós não tem experimentado a batalha acirrada entre a sede por Deus e tudo o que ele deseja de nós — sede como a de uma corça selvagem, ofegando pelas correntes de água — e nossos desejos tão humanos e tão terrenos? Enquanto vivermos neste corpo feito de carne, sangue e paixão, a maioria de nós lutará com esses apetites conflitantes.

"Agrada-me fazer a tua vontade, ó Deus meu; dentro do meu coração, está a tua lei" (Sl 40.8); essa é nossa verdadeira oração, mas ao mesmo tempo estamos cientes de muitos outros desejos. Uma vez que provamos a bondade do Senhor, nosso desejo por ele é aguçado. Uma vez que experimentamos os prazeres da carne, nossos desejos por eles não são facilmente abatidos.

Uma mulher divorciada duas vezes testemunhou sua dificuldade em entregar a Deus seus apetites físicos após "uma vida inteira de atividade sexual". Cansada de meios-termos que nunca traziam satisfação, ela queria o melhor de Deus, a intimidade com Deus.

Esperança na Solidão

"Meus hábitos são meus inimigos. O Senhor me convence a 1. Colocá-lo em primeiro lugar; 2. Aquietar-me e saber que ele é Deus; 3. Buscar progresso, não perfeição; 4. Continuamente entregar meus pensamentos e desejos a ele; 5. Esperar.

Ela não sabia ao certo por que estava me escrevendo — "Acho que apenas para expressar minhas dúvidas, buscar encorajamento e esperança, mas também para saber sem rodeios por onde começar". Eu não podia acrescentar nada ao que o Senhor já lhe mostrara. A obediência àqueles cinco pontos a levaria muito longe. Mas a última linha de sua carta clamava por uma resposta: "Se ao menos isso me ajudasse a não *querer* tanto! Será que vai me ajudar? Algum dia?".

A resposta é sim — *algum dia*. Posso prometer-lhe que ninguém que confia em Deus ficará desapontado. Posso prometer-lhe que quanto mais ela beber da água que Jesus dá (em contraste com todos os outros tipos de matadores de sede), mais ela encontrará saciedade para a sua sede *mais profunda*. Posso prometer-lhe que, ao comer o alimento espiritual, ela adquirirá um apetite cada vez maior pelo Pão da Vida, que sacia plenamente a fome *mais profunda*.

Posso prometer isso porque Deus o promete. Também sei por experiência que isso é verdade. A expressão-chave é *mais profunda*. Como nossos apetites físicos e emocionais são muito fortes, facilmente imaginamos que eles sejam nossos apetites mais profundos — até que, quando os saciamos, descobrimos que existe um apetite infinitamente profundo. É esse que Deus promete saciar. Não devemos exigir dele o que ele não prometeu. Embora seja um Deus de milagres, ele não promete milagres (com isso me refiro à definição de C. S. Lewis — uma interferência na natureza por poderes sobrenaturais).

Da minha graduação na faculdade, com vinte e um anos, até os vinte e seis, eu esperei por Jim Elliot, desejando que eu não o *quisesse* tanto assim. Eu não tinha promessas, dele ou da parte de Deus, de que um dia nos casaríamos, mas estava ávida por ele — não, estava esfomeada. Em vez de tirar meu apetite, o Senhor me mostrou a lição indispensável de Deuteronômio 8, uma revisão da experiência de Israel no deserto. Enquanto o povo ansiava pela comida que havia comido no Egito, Deus lhe deu o maná. O maná era alimento sobrenatural, fornecido milagrosamente, e era tudo de que precisavam. Mas nem mesmo um milagre os impediu de querer os alhos-porós, as cebolas, os alhos, os melões e os peixes. Se Deus lhes tivesse dado o que naturalmente desejavam, eles nunca teriam aprendido a comer maná, nunca teriam adquirido o gosto pelo pão que desceu do céu. Deus *os deixou com fome* de propósito — para humilhá-los e prová-los; para descobrir o que estava no coração deles, se eles guardariam ou não os seus mandamentos; e para ensinar-lhes algo muito mais importante do que alhos-porós e cebolas: que não só dessas coisas viverá o homem, mas sim da Palavra do Senhor. "Como um homem disciplina a seu filho, assim te disciplina o Senhor, teu Deus".[37]

Assim também ele nos disciplina. Ele nos faz aquele "elogio insuportável" de nos amar inexoravelmente. Ele aflige nossa

---

[37] Para mais informações sobre o anseio natural pelo amor humano, veja Elisabeth Elliot, *Paixao e pureza: aprendendo a deixar sua vida amorosa sob o controle de Cristo* (São José dos Campos, SP: Editora Fiel, 2021).

alma, fazendo-nos ansiar por algo que não podemos ter, para nos revelar o que ele deseja que tenhamos — o que, no longo prazo, é muito melhor.

"Se ao menos isso me ajudasse a não *querer* tanto!" Minha correspondente sabe que ela deve continuamente entregar a Deus seus pensamentos e desejos. Mas os resultados imediatos nem sempre são visíveis. Ela pode continuar querendo por muito tempo.

Certo dia, quando Jesus estava a caminho de Jerusalém, alguém lhe perguntou se apenas poucas pessoas seriam salvas. Sua resposta não lidou com o percentual, o que não era da conta deles, assim como não é da nossa. Ele deixou claro o que é da nossa conta: "Esforçai-vos por entrar pela porta estreita, pois eu vos digo que muitos procurarão entrar e não poderão" (Lc 13.24).

De outra carta recente:

> Sou confrontada com aquele mesmo mistério problemático — sofrimento, dor e lágrimas fazem parte da economia de Deus na terra. Essa verdade simplesmente me *atormenta*! Não há nenhum crescimento e nenhum fruto à parte da dor. O cristianismo não é para os fracos, ao contrário do que o mundo quer fazer-nos acreditar. É para quem tem coragem de se humilhar.

É uma porta estreita pela qual devemos passar. Eu queria encorajar essas duas mulheres a verem que a porta estreita é a entrada para um lugar muito amplo. Se elas crerem nisso, certamente encontrarão coragem para se humilhar. Não tive mais notícias da primeira, mas a segunda orou: "Que se cumpra em mim conforme a tua palavra".

Às vezes, preferimos "lutar" mesmo quando temos total certeza do que devemos fazer. Lutar, em casos assim, apenas adia a obediência. Enquanto tentamos ganhar tempo, conseguimos adiar o momento da escolha terrível. Mais cedo ou mais tarde, alguém virá e dirá exatamente o que esperávamos ouvir: "Siga seus sentimentos". Esse pode parecer o caminho mais fácil, até que o experimentemos; então, descobrimos que os sentimentos estão sempre se cancelando mutuamente — qual devemos seguir? Uma vez que tenhamos conhecido a Deus, sabemos que há uma guerra sendo travada. Temos uma natureza inferior que coloca seus desejos contra o Espírito.

"Ora, as obras da carne são conhecidas e são: prostituição, impureza, lascívia, idolatria, feitiçarias, inimizades, porfias, ciúmes, iras, discórdias, dissensões, facções, invejas" (Gl 5.19- 21). Aqueles que seguem sentimentos assim nunca herdarão o reino de Deus.

Você não teria lido este livro até agora se fosse alguém que, do fundo do coração, desejasse ter sentimentos como esses. Você deseja o que Paulo chama de "o fruto do Espírito" — amor, alegria, paz, longanimidade, benignidade, bondade, fidelidade, mansidão, domínio próprio. Não se pode ter ambos ao mesmo tempo.

A grande literatura — que serve como um espelho no qual, com um choque de reconhecimento, vemo-nos a nós mesmos — retrata os profundos conflitos que resultam do confronto entre os bons desejos e os maus. Os grandes personagens da Bíblia tiveram grandes lutas. É o Espírito em nós, Paulo explica, que luta contra a natureza inferior. Às vezes, lamentavelmente, imaginamos que o Espírito está lutando contra *nós* e nossos anseios mais profundos. Visualizamos Deus como um estraga-prazeres, quando, na verdade, seu Espírito contende contra o pecado que há em nós e que nos impedirá de ter o que nos trará a maior felicidade.

A história de uma garota que chamarei de Millie ilustra a facilidade com que traímos e enganamos a nós mesmos quando fazemos o que "sentimos vontade" de fazer. Ela era cristã há quase quinze anos e se considerava "basicamente antiquada". Mas, como a maioria dos outros jovens, ela estava passando por maus bocados na tentativa de se manter pura.

Ela conheceu um não cristão muito atraente, saiu com ele "vezes demais", permitiu-lhe as liberdades que ele julgava ter direito e, não muito depois, percebeu que as coisas estavam fora de controle. "Sinto-me tão IDIOTA!", ela me disse. "Eu queria me bater!" Forjando desculpas o tempo inteiro, o par se entregou a vários tipos de brincadeiras sexuais. Millie disse a si mesma que, enquanto não houvesse uma relação sexual de fato, ela ainda poderia se chamar de virgem.

"Então eu fiz todo o resto" (e aqui ela entrou em detalhes chocantes). "Estou tão *envergonhada*."

Longe de trazer o amor e a felicidade que ela tanto desejava, essa estratégia deixou Millie totalmente infeliz. Embora um ano houvesse se passado desde o desaparecimento daquele rapaz, ela ainda lutava contra a culpa e o ódio contra si mesma. Ela conhecia as Escrituras — que Jesus morreu por ela, que seu sangue poderia lavar todos os seus pecados, que "nada é tão terrível que ele não possa perdoar". Ela havia confessado tudo a ele. Estava arrependida — não poderia estar mais arrependida. No entanto, ela se sentia atormentada pelo pensamento de que nunca seria digna do tipo de homem cristão com quem sempre sonhara em se casar. Estaria ela mentindo para si mesma ao pensar que ainda era virgem? *Imunda* era a única palavra para descrever como ela se sentia.

Ela havia lido meu livro *Paixão e pureza* duas vezes. "Você está *completamente certa!*", disse. "Por isso, pensei que poderia me ajudar".

Meu coração se compadeceu dela. Sua solidão abrira as portas de sua alma, por assim dizer, e deixou entrar as feras do pecado sexual. Ela fora atraída por tentações às quais, de outra forma, poderia estar imune; e, ao ceder, ela se encheu de culpa, vergonha e medo. Muitas me escrevem sobre experiências semelhantes e sobre os mesmos pesares profundos — enojadas, com vontade de se bater, envergonhadas, arrependidas até não poder mais. Tentei lhes dar a segurança do total perdão prometido a quem se arrepende verdadeiramente. Nenhum pecado é grande o suficiente para secar o oceano da graça de Deus.

Tendo dito isso, devemos também dizer que pecados têm consequências as quais o próprio Deus não necessariamente desfaz. A virgindade é uma dádiva que nem mesmo Deus pode restituir. Ele a dá uma única vez, para que ela seja dada uma única vez — no casamento. Se o casamento não está na vontade dele, então a virgindade é a vontade dele. Uma vez desperdiçada, ela não é restaurada. É possível desperdiçar a pureza sexual de muitas maneiras, além de ter relações "tecnicamente" sexuais. É por isso que é tão importante traçar os limites muito antes daquele ponto. A única regra realmente segura é *não encostar e não tirar a roupa*. Uma coisa leva rapidamente à outra, até que você já não pode mais se oferecer completa e intacta a um futuro cônjuge. Quando alguém do sexo oposto é "conhecido", não pode ser "desconhecido". Uma escolha foi feita. Não pode ser desfeita.

Essa é a má notícia. Mas aqui estão as boas notícias. Elas falam da Maravilhosa Graça. Embora o Senhor não possa restaurar a virgindade, ele restaurará a pureza do coração que confessou e abandonou o pecado. O sangue de Jesus Cristo *purifica*. Limpa de *todo* pecado.

A Igreja de Corinto era como todas as outras igrejas da história cristã — uma coleção heterogênea de pecadores. As igrejas, por serem feitas de seres humanos, estão cheias de problemas de seres humanos. Paulo escreveu duas longas cartas aos coríntios para ajudar a resolvê-los. Ele disse o seguinte:

> Não vos enganeis: nem impuros, nem idólatras, nem adúlteros, nem efeminados, nem sodomitas, nem ladrões, nem avarentos, nem bêbados, nem maldizentes, nem roubadores herdarão o reino de Deus. Tais fostes alguns de vós; mas vós vos lavastes, mas fostes santificados, mas fostes justificados em o nome do Senhor Jesus Cristo e no Espírito do nosso Deus. [...] Acaso, não sabeis que o vosso corpo é santuário do Espírito Santo [...] e que não sois de vós mesmos? Porque fostes comprados por preço.
>
> 1 Coríntios 6.9-11, 19, 20

Para aqueles que pedem ajuda para receber o completo perdão que Cristo oferece, costumo dizer algo assim: Crie o hábito de deliberadamente pôr a sua mente no que Cristo fez por você, não no que *você* fez. Louve-o, memorize as Escrituras e hinos, ore e siga-o em obediência. Mesmo que a memória dos pecados venha à mente, não se preocupe com isso. Traga esses pensamentos "cativos à obediência de Cristo" (2Co 10.5).

"Mas caramba!", disse-me um jovem rapaz depois de ler *Paixão e pureza*. "Não dá para viver sem sexo!" Quem disse? Milhares de cristãos e outras pessoas passaram pela vida sem qualquer experiência sexual. A castidade não só não faz mal à pessoa, mas fortalece a masculinidade ou a feminilidade. Ela não reduz nem enfraquece; antes, com efeito, enobrece o caráter. Quanto maior a contenção, maior o poder. O domínio próprio, como alguém disse, é a *maior virilidade*.

O domínio próprio está incluído na lista dos frutos do Espírito. Domínio *próprio*. O Espírito Santo não faz todo o domínio por nós. Ele nos chama a agir. Ele nos ajuda, mas espera que cooperemos. Acredito que, se começarmos com a total oferta de nós mesmos por meio da específica ação voluntária de libação, a qual descrevemos nos capítulos anteriores, estaremos, assim, nos colocando sob a autoridade e o poder de Deus. Se começarmos cada dia com um reconhecimento de nossa dependência dele e com a nossa intenção de obedecer-lhe, ele certamente nos ajudará. Então, o Espírito Santo, que é a fonte de nossa vida, dirigirá o caminho. Cada disciplina imposta nesse caminho tem um propósito: "para a nossa glória" e para nos tornar parte do que "permanece eternamente" (1Co 2.7; 1Jo 2.17).

21

Transforme sua solidão em oração

Apenas uma frase de tudo o que foi dito em certo retiro permanece em minha mente. Aquela frase valeu o fim de semana: Transforme sua solidão em solitude, e sua solitude, em oração.

Já observamos que o estar a sós não era algo doloroso até o pecado entrar no mundo. Agora, solidão significa dor. O outro aspecto do estar a sós, a solitude, não precisa significar dor. Pode significar glória.

A solidão é um deserto, mas, quando recebida como uma dádiva, aceita das mãos de Deus e oferecida de volta a ele com ações de graças, ela pode se tornar um caminho para a santidade, para a glória e para o próprio Deus.

Ouvimos as pessoas falarem que querem liberdade — do familiar, da responsabilidade, de tudo — a fim de "encontrar" a si mesmas. Eu me pergunto quantas poderiam explicar claramente o que querem dizer com esse encontro ou o que fariam se a busca fosse bem-sucedida. Quando alguém encontra "a si mesmo", o que ele encontra? O que faz em seguida? A revelação de si mesmo é uma coisa horripilante, a menos que haja outrem a quem recorrer. Albert Camus descreveu isso em *A Queda*:

> Sozinhos numa sala sombria, sozinhos no banco dos réus, perante os juízes, e sozinhos para decidir perante nós mesmos ou perante o julgamento dos outros. No final de toda liberdade, há uma sentença; eis por que a liberdade é pesada demais, sobretudo quando se sofre de febre, ou nos sentimos mal ou não amamos ninguém.
> Ah! Meu caro, para quem está só, sem Deus e sem senhor, o peso dos dias é terrível. É preciso, portanto, escolher um senhor, já que Deus não está mais na moda.[38]

O profeta Isaías experimentou o que é estar sozinho diante de Deus. Aconteceu, ele nos conta, no ano em que o rei Uzias morreu. Com certeza, em sua mente havia uma conexão entre os dois eventos.

Uzias reinara por cinquenta e dois anos, durante muitos dos quais fez o que era reto aos olhos do Senhor, como fizera Amazias, seu pai. Ele se dispôs a buscar a direção de Deus. Recebeu instruções de Zacarias no temor de Deus e, enquanto seguiu esse caminho, Deus o fez prosperar. Ganhou um tremendo poderio militar, tendo um exército de trezentos e sete mil e quinhentos homens, equipados com escudos, lanças, capacetes, couraças, arcos e fundas. Mandou seus engenheiros

---

[38] Albert Camus, *The Fall* (New York: Alfred A. Knopf, 1957), 133. A tradução em português é de Albert Camus, *A queda*, trad. Valerie Rumjanek (Rio de Janeiro: BestBolso, 2015, edição eletrônica).

projetarem máquinas para atirarem flechas e grandes pedras. Ficou muito famoso e, então, tornou-se muito orgulhoso, atrevendo-se a entrar no templo e a usurpar o lugar dos sacerdotes na queima de incenso. Deus o feriu com uma doença, de modo que ele teve que viver o resto de seus dias não no esplendor real, mas como um leproso. Até mesmo seu enterro foi vergonhoso — não com os reis, mas em um cemitério separado.

Isaías deve ter pensado muito sobre a vida desse homem — sua fama, seu poder, seu reinado, seu orgulho, seu exílio na lepra, sua morte solitária. O que ele fizera para merecer aquilo? Possivelmente, Isaías tinha Uzias em mente quando escreveu: "Então, a gente se abate, e o homem se avilta; e os olhos dos altivos são humilhados. Mas o Senhor dos Exércitos é exaltado em juízo; e Deus, o Santo, é santificado em justiça" (Is 5.15-16). Sem dúvida, o profeta sentiu a grande solidão que sentimos quando contemplamos a morte — a mais solitária das solidões. Ninguém pode compartilhá-la. Um homem morre sozinho. Sozinho ele sai para o desconhecido.

Em algum momento durante aquele ano da morte do rei, Isaías encontrou a solitude. Ele não registrou onde ou como, mas nos contou o que viu: *o Senhor*, sentado em um trono, alto e exaltado, acompanhado por serafins que incessantemente clamavam: "Santo, santo, santo é o Senhor dos Exércitos; toda a terra está cheia da sua glória" (Is 6.3). Enquanto suas vozes trovejavam e reverberavam com essas solenes palavras, as bases do limiar se moveram e a casa se encheu de fumaça. Essa visão de santidade abalou não apenas a casa, mas também o próprio profeta, até os próprios alicerces. Isaías tivera ampla oportunidade de testemunhar os erros da vida de Uzias e, se assim quisesse, de compará-la com a sua. Mas, quando viu a santidade de Deus, comparações entre ele e outros homens desapareceram. Ele clamou que era um homem perdido — um homem que, por ter visto o Rei com seus próprios olhos, ao mesmo tempo viu a verdade sobre si mesmo. Ele era um pecador. Felizmente para ele, Deus não estava "fora de moda", como estava para o protagonista de Camus. Felizmente, ele conhecia seu Mestre.

Na solitude, Isaías viu o Senhor. Ele encontrou a si mesmo na solitude, e a revelação era mais do que ele podia suportar. "Ai de mim! Estou perdido!"

O mesmo ocorre com todos os que entram em verdadeira solitude. As demãos de conhecimento adquirido, comportamento condicionado e autoconfiança são arrancadas. A visão de si mesmo, sem todos os acréscimos habituais, é chocante. Quão diferente é o autêntico eu da imagem que dele acalentamos!

"Quando estou só" — as palavras
    escaparam de sua língua
como se estar só não tivesse
    nada de estranho.
"Quando eu era jovem", disse ele,
    "quando era jovem"...
Pensei na idade, na solidão
    e na mudança,
pensei em quão estranhos somos
    quando estamos sós,

e quão diferentes dos egos que
se encontram e conversam,
sopram, apagam as velas e
dão boa-noite.
Só... A palavra é vida
que se persevera e conhece.
É a quietude onde nosso
espírito caminha
e tudo, exceto a mais íntima fé,
é derrubado.

Siegfried Sassoon[39]

Não conheço a mais íntima fé de Sassoon, mas conheço a de Isaías. Diante da verdade do seu eu desconhecido, tão inquietante em sua estranheza, ele soube para onde se voltar. Defrontando-se com a Luz Criadora, sabia que era nu, culpado e impotente. Não havia nada a fazer a não ser atirar-se à misericórdia de Deus. E a misericórdia o encontrou, não com simpatia, mas com fogo purificador.

É preciso o fogo de Deus para limpar o nosso coração do egoísmo em todas as suas formas sutis. Até a solidão pode ser uma forma de egoísmo. Alguém pode rejeitar a amizade, quando ela não é oferecida nos termos preestabelecidos. Alguém pode rejeitar a graça de Deus, como perigosamente quase fez

---

[39] Siegfried Sassoon, "Alone," em Louis Untermeyer, *Modern American and British poetry* (s. l.: Harcourt, Brace & Co. for United States Armed Forces), 2:344. Direitos autorais de Siegfried Sassoon; reproduzido com a gentil permissão de George Sassoon.

Naamã, o leproso, porque ela não lhe fora oferecida com o tipo de cerimônia que ele reputava adequada à sua posição. Alguém pode magnificar desproporcionalmente a sua solidão, como se seu sofrimento não fosse comum à humanidade, esquecendo-se de que "a vida é assim" — nem mais nem menos. Alguém pode desenhar em torno de si mesmo uma grossa manta de autopiedade e se isolar de outras maneiras, mas, se transformar a solidão em solitude, e a solitude em oração, haverá liberdade. Talvez isso exija a disposição de se queimar, se as brasas forem necessárias como foram para Isaías, mas há perdão, purificação e paz. No caso do profeta, a isso seguiu-se o chamado de Deus por um voluntário disposto a trabalhar para ele. Agora, com o coração desprendido de si mesmo, Isaías podia responder: "Eis-me aqui, envia-me a mim".

Ontem, eu estava refletindo sobre esse assunto quando o Senhor trouxe diretamente para a mesa da minha cozinha um exemplo vivo de tal coração. Eu e uma brilhante jovem moça comíamos sanduíches de cordeiro. Perguntei-lhe se ela era solitária.

"Solitária? Por que deveria ser?".

"Você está solteira. A maioria das pessoas solteiras que conheço fala sobre sentir-se solitária".

Com um olhar de surpresa e depois uma risada, ela disse: "Oh, não. Veja, eu tenho um senso de expectativa todos os dias. O que o Senhor quer fazer comigo hoje? Não tenho agenda própria".

Sem agenda própria. Aí está a chave para a liberdade de Linda. Continuei a questioná-la. Sim, ela disse, ela sabe o que é a sensação de solidão — é isolamento, quando você pensa que não tem a quem recorrer, ninguém recorre a você, você está separada de todos. Você tem sua própria agenda.

"O que você quer dizer com agenda?", perguntei.

"É pensar que existe apenas uma solução e que Deus tem de lhe dar aquilo ou nada mais. É ter uma mente fechada. Uma mente fechada é um coração fechado e uma porta fechada".

Então eu compreendi a razão do sorriso que parece sempre iluminar o rosto de Linda. Acho que ele deve vir de sua sincera aceitação da "agenda" de *Deus*.

"Eu amo a solitude", disse ela. "Enquanto eu dirigia até aqui esta manhã [era uma manhã de inverno deslumbrante, ensolarada, de céu azul e sombras azuis sobre a neve], não estava com o rádio ligado. Não estava ouvindo música. Estava apenas quieta. Eu amo momentos assim".

O coração que não tem nenhuma agenda, senão a de Deus, é o coração que está desprendido de si mesmo. Seu vazio é preenchido com o amor de Deus. Sua solitude pode ser transformada em oração.

22

Como faço essa coisa de esperar?

Uma disciplina da vida espiritual a que muitos de nós temos mais dificuldade de nos submeter é a espera. Nenhuma outra disciplina revela mais sobre a qualidade da nossa fé do que essa. Às vezes, somos criticadas por outros porque parecemos não estar fazendo nada. Quando esperar é um ato de obediência, é obviamente invisível. Somente aquele em quem esperamos o enxerga, mas nós devemos resistir à tentação de nos defender e nos explicar aos nossos críticos, e simplesmente continuar confiando.

A verdadeira espera em Deus não é "não fazer nada". O Salmo 37 lista os principais elementos dessa atividade oculta, uma fórmula perfeita para a paz de espírito (os parênteses não são divinamente inspirados, são meramente meus):

> *Confia* no Senhor e faze o bem.
> *Habita* na terra (construa o seu lar, acomode-se, esteja em paz no lugar onde Deus a colocar).

Agrada-te do Senhor (faça do Senhor sua única alegria)
e ele satisfará os desejos do teu coração.
Entrega o teu caminho ao Senhor.
Confia nele, e o mais ele fará.
Descansa no Senhor.
Espera nele, não te irrites por causa [de outrem].

(Sl 37.3-5,7)

Esperar com paciência é quase impossível, a menos que também estejamos aprendendo, ao mesmo tempo, a encontrar alegria no Senhor, entregar tudo a ele, confiar nele e nos aquietar. Minha amiga Liz reconhece sua necessidade de aprender os passos. Ela escreve:

> Gostaria de lhe perguntar "como fazer" todo esse exercício diário de fé. Estando solteira. Mas espero que minha esperança e luta nessa "arena do amor" sejam vencidas COM ELE na estrada da vida diária. Os rigores da batalha para aprender esses passos de fé serão mais úteis do que um catálogo de respostas.
>
> Para mim, parece fácil demais sentar e escrever algum bilhete casual que grite: "Como faço essa coisa de esperar?", quando Deus estabeleceu uma ordem de mandamentos, leis, diretrizes que marcam meu caminho com bastante clareza. [...] ORAÇÃO é o maior "argumento" que eu poderia solicitar.

Oro por ela e por multidões de mulheres como ela, que lutam para esperar. Penso na história contada por Amy Carmichael em seu primeiro ano de trabalho missionário no Japão. Ela e um casal de missionários foram impedidos de viajar por causa de um barco que não chegou ou não partiu — não me lembro exatamente. Não apenas horas, mas dias se passaram, e o jovem missionário começou a se perturbar com o tempo perdido e as consequências para outras pessoas que contavam com eles. O missionário mais velho disse calmamente: "Deus sabe tudo sobre os barcos". Aquilo se tornou uma máxima de fé para o resto da vida dela.

Muitas vezes na minha vida, Deus me pediu para esperar quando eu desejava seguir adiante. Ele me manteve no escuro quando eu pedi luz. Aos meus apelos por direção, a resposta dele muitas vezes foi: *Fique quieta, minha filha.* Eu gosto de ver progresso. Procuro evidências de que Deus está pelo menos fazendo alguma coisa. Se o Pastor nos conduz às águas tranquilas quando esperávamos pela emoção das "quedas d'água", é difícil acreditar que algo realmente vital está acontecendo. Deus está em silêncio. A casa está em silêncio. O telefone não toca. A caixa de entrada está vazia. A quietude é difícil de suportar — e Deus sabe disso. Ele conhece nossa estrutura e sabe que somos pó. Ele é muito paciente conosco quando estamos tentando ser pacientes com ele. É claro que, para a maioria de nós, esse teste de espera não ocorre em uma casa silenciosa e vazia, mas em meio ao trabalho rotineiro, em meio aos compromissos, em meio ao pagamento de impostos, em meio às compras no supermercado, em meio à tentativa de consertar o carro e fechar as janelas quando começa a chover — as decisões diárias precisam continuar sendo tomadas; as responsabilidades, cumpridas; a família, sustentada; os patrões, satisfeitos. Como podemos falar de esperar em Deus no meio de tudo isso? Como aquietar-se?

Existe um lugar secreto onde o cristão habita. É à sombra do Onipotente. Ali, ocorrem transações as quais ninguém conhece, exceto Deus.

Um pequeno pedaço de papel pautado diz o seguinte:

> Eu só quero agradecer-lhe por simplesmente pregar a *cruz*. Por favor, nunca pare de proclamá-la. Eu devo morrer diariamente para ter a vida da ressurreição em meu chamado. [...] Então, talvez você queira orar por mim, caso se lembre disso. Sou uma garota muito jovem com uma grande prova de fé e obediência diante de mim. Sei que, agora, estou dentro da vontade de Deus nesta área, e o Senhor tem ministrado a mim de maneira especial, mas a obediência nem sempre é divertida.

Essas são cartas de mulheres. Parece-me que, na questão do casamento, há um aspecto de esperar em Deus que é diferente para mulheres e homens. Não posso provar minhas conclusões, mas apresento as razões para sua consideração.

A característica feminina arquetípica é a receptividade, como podemos aprender com a anatomia humana (o corpo feminino é feito para receber) e com o relato da criação em Gênesis (a mulher foi feita para o homem). Uma vez que todas as criaturas humanas dependem de Deus para a vida, a alma (seja a de um homem ou a de uma mulher) é uma receptora e, portanto, sempre foi vista como feminina. É sempre Deus quem inicia a relação da alma consigo mesmo. Somos receptores da graça de Deus e respondemos a ele com gratidão. A metáfora do Noivo e da Noiva é usada nas Escrituras para descrever o relacionamento entre Deus e Seu povo — Deus é o Criador e o grande Iniciador, enquanto o seu povo é o destinatário de tudo. "Deus é tão masculino", disse C. S. Lewis, "que toda a criação é feminina em comparação".

Como aquelas que representam a Noiva no grande mistério do casamento, as mulheres têm um motivo especial para esperar em Deus. Elas não foram criadas para serem *cabeças*, do modo particular como os homens foram. Portanto, parece razoável que, se Deus quiser que uma mulher se case, ele providenciará que o homem a encontre. Ela não precisa sair à caça (eu não saí, e três deles me encontraram). Quando eu era uma garotinha, meus pais me diziam que, se eu me perdesse no meio de uma multidão, eu deveria ficar parada no mesmo lugar, e eles me encontrariam. Se eles e eu estivéssemos procurando, poderíamos nos desencontrar. O mesmo pode acontecer com um homem e uma mulher.

Santa Teresa de Jesus destila a própria essência da espera submissa nestas palavras:

> Não deixe nada te perturbar.
> Não deixe nada te assustar.
> Todas as coisas passam.
> Deus nunca muda.
> A paciência alcança todas as coisas.
> Nada está faltando para aquele que tem Deus.
> Deus somente é suficiente.

O homem, penso eu, tem uma responsabilidade diferente quando se trata de casamento. É ele quem deve fazer a busca. Talvez isso seja apenas um excêntrico preconceito meu, só porque foi o que minha mãe sempre me disse e certamente funcionou no meu caso; mas talvez tenha algo a ver com o modo como as coisas são, um arranjo que remonta ao início do tempo.

Adão não saiu à procura de uma mulher. Não havia nenhuma. Ele nem sabia o que era uma mulher. Quando Deus decidiu que não era bom que ele estivesse só, ele então lhe trouxe todos os animais selvagens e todos os pássaros do céu. Adão nomeou todos eles, e o relato me dá a impressão de que ele e Deus estavam examinando cada animal ou pássaro para ver se algum deles poderia servir-lhe de companheiro; "para o homem, todavia, não se achava uma auxiliadora que lhe fosse idônea". Então, Deus criou sob medida a parceira de que ele precisava e a trouxe a Adão, que se tornou seu "marido" — seu protetor e provedor.

Suponho que a maioria dos casamentos, na maior parte da história humana, foram arranjados. Abraão enviou um servo para encontrar uma esposa para seu filho Isaque. Esse ainda é o costume em muitas partes do mundo — Índia, África e China entre elas —, mas o americano moderno não consegue conceber tal coisa, apesar de esse método ter uma taxa de sucesso muito maior que o nosso modelo "faça-você-mesmo".

Por acaso estou recomendando um retorno ao modo antigo? Eu até gostaria, mas me contenho. Em vez disso, diria que, se um homem há de andar com Deus, ele certamente precisa encarar, *antes* de entrar em qualquer envolvimento emocional com mulheres, a questão: se o casamento é ou não parte de sua missão divinamente atribuída. Se for, então o padrão mostra que ele deve amar sua esposa como Cristo amou a Igreja. Ele deve começar como Cristo começa, cortejando e conquistando, chamando-a para si, arriscando-se à rejeição, tomando a iniciativa, sacrificando-se. É um assunto sério. Antes de abordá-lo, ele deve se submeter às disciplinas do Salmo 37, conforme descritas anteriormente. Quando elas são ignoradas, o resultado é confusão e desilusão.

Dois meses depois de Jim Elliot e eu termos conversado sobre a dádiva da solteirice, em uma manhã chuvosa de novembro, ele se sentou à sua escrivaninha, contemplando melancolicamente o quintal encharcado da casa de seus pais. Isso foi durante seu ano de "espera". Ele estava desesperado para começar seu trabalho missionário na América do Sul, mas sentiu que precisava esperar um ano para estudar, voltar para casa e ficar quieto, e colocar-se sob a tutela espiritual de seu pai, assim como Timóteo estava sob a tutela do apóstolo Paulo. Para tornar as coisas mais difíceis, ele estava, para usar a frase atual, "emocionalmente envolvido". Ele chamava isso de estar apaixonado. Às vezes, Jim se perguntava se havia corrido na frente de Deus ao me deixar saber disso. Certamente, aquilo havia complicado a vida dele e a minha. No entanto, ele ainda estava orando e esperando por direção, tentando ser obediente e descobrindo que isso nem sempre é "divertido". Muito depois de Deus lhe ter dado a resposta, encontrei estes versos com a caligrafia dele, datados de 10 de novembro de 1949:

Esperança na Solidão

Será então que não hei de conhecer o amor dela
de perto, sua pele quente e desimpedida
contra a minha? Devo, ao invés, sentir
beijos de vento e assistir
às vinhas entrelaçadas nas árvores da floresta?
Devo nelas ver os emblemas disso tudo?
Oh, devo eu ainda andar pelos enlodados caminhos, sozinho,
e silenciosamente avançar para o descanso
com folhas de pinheiro desprezadas?

Afaga, ó vento;
suspirai, vós abetos;
agarrai-vos bem, vinhas;
aquecei-vos umas às outras, folhas nuas:
morra, amor dentro em mim.

Oh, angústia ardente da chama da paixão
da mocidade, eu te imploro,
morra sufocada. Cessa
de cuspir brasas pelo meu corpo.
E vós, filhas de Jerusalém,
onde quer que estejais,
rodeai vosso Senhor e dizei-lhe,
dizei-lhe agora em meu lugar
que estou doente de amor.

Obviamente, Jim estava saturando-se com o grande poema de amor da Bíblia, o Cântico dos Cânticos de Salomão.

Ele havia sido encorajado por um pregador, na capela da faculdade, a não acordar ou despertar o amor "até que este o queira" — o que o pregador interpretou como se referindo ao tempo de Deus, que é sempre perfeito. Enquanto Jim esperava por esse tempo, ele decidiu disciplinar seu comportamento para comigo, assim como a expressão do seu desejo, mas não se recusou a reconhecer claramente, diante de *Deus*, os movimentos do seu coração. Isso pode ser uma fonte de grande conforto, muito mais conforto do que o esforço neurótico de se isolar da realidade, de recusar-se a ser tocado por ela. Leve-o honestamente àquele que não é "sumo sacerdote que não possa compadecer-se das nossas fraquezas; antes, foi ele tentado em todas as coisas, à nossa semelhança, mas sem pecado" (Hb 4.15). Ele vai entender.

O tipo de espera a que me refiro aqui não é meramente ficar olhando para o relógio, imóvel por causa da timidez, nem tampouco "a indecisão que não é capaz de escolher, a irresolução que nunca sai do sufocamento à ação".[40] Esperar em Deus é um ato de fé — a maior coisa já exigida de nós, humanos. Não é fé no resultado que ditamos a Deus, mas fé em seu caráter, fé nele mesmo. É descansar na perfeita confiança de que ele nos guiará da maneira certa, na hora certa. Ele suprirá nossa necessidade. Ele cumprirá sua palavra. Ele nos dará o que é melhor, se confiarmos nele.

A espera de uma mulher, quanto à questão do casamento, significa deixar tudo nas mãos de Deus. A espera de um homem significa perguntar se ele deve se preparar para o

---

40 Extraído de *A litany for the personal life*, adaptado por Charles David Williams, 13ª impressão (Cincinnati: Forward Movement Publications, s. d.).

casamento. Ele talvez precise esperar muito tempo por um sim ou não. Arrisco-me a sugerir que ele deixe de paquerar até descobrir a resposta. Assim será muito mais fácil de se concentrar.

Se a resposta for sim, é uma boa ideia pedir a cristãos mais maduros — e que consigam manter a boca fechada — que orem por você. Peça-lhes sugestões específicas de alguma moça que eles considerem adequada. Leve as sugestões deles a sério. Mova-se na direção da vontade de Deus.

Eu conheci Lars, o homem que se tornaria meu marido, um dia depois da morte de meu segundo marido, Add. Ele tinha acabado de chegar como aluno ao Gordon-Conwell Theological Seminary, onde Add fora professor. Ele foi a um culto na capela em que várias pessoas falaram sobre o que Add significara para elas. Eu disse algumas palavras e Lars observou.

Anos depois, uma amizade casual se desenvolveu (na mente *dele*) em algo mais. Ele vinha me visitar com frequência, ocasionalmente me levava para jantar, trazia flores. Qualquer mulher entende esses gestos, mas nunca falamos em um "relacionamento". Levei muito tempo para considerá-lo como qualquer coisa além de um amigo muito fácil de ter por perto. Não conseguia imaginar um terceiro casamento. Mas, quando vi que ele estava se encaminhando para me fazer um pedido, tive de pôr as mãos à obra e orar sobre qual seria a minha resposta. Eu estava na meia-idade, é claro, e já havia passado por isso duas vezes, mas não há "especialistas" em oração e fé. Era a mesma luz firme e certa que eu tinha de buscar e esperar. Não apenas orei e esperei, mas também pedi conselho a várias pessoas piedosas que nos conheciam a ambos.

Minhas orações trouxeram uma resposta inesperada. Comecei a detectar em meu coração um tipo de interesse totalmente novo por aquele homem. Além do cavalheirismo e charme que haviam sido óbvios desde o nosso primeiro encontro, vi um coração de servo. Percebi seu maravilhoso tato e cuidado ao me tratar como mulher e viúva. Como Jim e Add, ele era viril. A virilidade sempre me chamou profundamente a atenção. Fiquei impressionada também com a disposição dele de esperar, tão silenciosamente e por tanto tempo. Mais de quatro anos depois daquele culto na capela, ele me pediu em casamento.

Esperar é uma oferta e um sacrifício. Podemos erguer nossa própria espera a Deus como uma libação diária, em um espírito de expectativa — como a de Linda, que pede diariamente apenas pela agenda de Deus. Esperar em Deus *dessa* forma é a verdadeira fé — sem agenda própria, sem prazos, sem exigências sobre o que Deus deve fazer. Simplesmente um coração aberto e mãos abertas, prontas para receber o que Deus vier a escolher, e uma confiança perfeita de que sua escolha será melhor do que o nosso melhor. Deus trabalha em favor desse tipo de alma.

"Porque desde a antiguidade não se ouviu, nem com ouvidos se percebeu, nem com os olhos se viu Deus além de ti, que trabalha para aquele que nele espera. Sais ao encontro daquele que com alegria pratica justiça" (Is 64.4-5).

Um caminho para a santidade

Os desertos dos quais a Bíblia fala geralmente eram lugares muito áridos, mas Deus pode mudar isso. Ele pode criar riachos no deserto, mananciais no vale e preparar mesas no ermo. O deserto da solidão é um lugar onde a caridade pode florescer. "Preencha o vazio do seu coração com amor a Deus e ao próximo", escreveu Edith Stein, cujo amor transformava até mesmo um campo de concentração em um lugar de alegria.

Aqueles cujas vidas têm tido o mais profundo impacto espiritual no mundo inteiro são os que passaram pelo sofrimento. Na misteriosa providência de Deus, a cruz e a coroa, o sofrimento e a glória estão ligados. A história está repleta de relatos de martírio, começando com Estêvão, o qual, enquanto as pedras da multidão furiosa voavam contra ele, caiu de joelhos e orou pelos que o apedrejavam. Deus não o salvou da morte, mas sua morte impressionou um espectador fanático que mais tarde se tornaria um apóstolo. Beethoven, privado da única faculdade que parecia indispensável a um músico — sua audição —, passou a escrever sinfonias ainda mais grandiosas.

Esperança na Solidão

Este livro não será lido por grandes mártires ou compositores, mas as histórias deles devem nos inspirar. Na maneira soberana de Deus ordenar todas as coisas para a sua glória e o nosso bem, nossos próprios decréscimos não são apenas os pré-requisitos para a nossa alegria, mas podem também ser o meio de enriquecer a vida de outras pessoas.

Uma história de tal decréscimo e enriquecimento me vem de uma moça de vinte e poucos anos. Começa como de costume — ela conheceu "um rapaz muito especial". Ambos eram dedicados a Deus, e ansiavam por conhecê-lo, servi-lo e agradá-lo. Eles trabalhavam na mesma empresa, frequentavam a mesma igreja e, quando se sentiram atraídos um pelo outro, concordaram em restringir ao máximo o contato físico. A atração aumentou, eles conversaram sobre a possibilidade de casamento, conselheiros cristãos os encorajaram a se casarem, mas ele não conseguia chegar a uma decisão. Depois do que a moça considerou um período mais do que razoável para um homem se decidir, eles terminaram o relacionamento. Ele estava perdido para ela, "provavelmente para sempre".

> Junto com essa "perda" vêm uma série de decepções, o vazio da solidão, a ausência dele e a tentação de clamar POR QUÊ? Tenho tentado viver a vida sem perder o ritmo e confiar em Deus em meio a esses questionamentos e à dor, deixando meus fardos ante a cruz.

E o que aconteceu? Não o milagre de uma mudança instantânea de sentimentos, mas o milagre da vida que vem da morte — a transformação do decréscimo de uma mulher em enriquecimento de outras pessoas. No trabalho com o grupo de jovens em sua igreja, mesmo nos dias em que ela sentia não ter nada para dar a eles, por causa de suas próprias feridas.

> As coisas que ouvi saírem da minha boca nas últimas semanas... Sei que foram enviadas do alto! Ele promete curar os quebrantados de coração, e eu me agarro a essas promessas agora!

O amor, ao que parece, *cria* o bem — extraindo o bem de qualquer situação por meio do sofrimento. O próprio sofrimento torna-se assim um caminho para a santidade. São Paulo escreve a seus amados Coríntios:

> Bendito seja o Deus e Pai de nosso Senhor Jesus Cristo, o Pai de misericórdias e Deus de toda consolação! É ele que nos conforta em toda a nossa tribulação, para podermos consolar os que estiverem em qualquer angústia, com a consolação com que nós mesmos somos contemplados por Deus. Porque, assim como os sofrimentos de Cristo se manifestam em grande medida a nosso favor, assim também a nossa consolação transborda por meio de Cristo. Mas, se somos atribulados, é para o vosso conforto e salvação; se somos confortados, é também para o vosso conforto, o qual se torna eficaz, suportando vós com paciência os mesmos sofrimentos que nós também padecemos.
>
> 2 Coríntios 1:3-6

Do sofrimento vem a santidade — nestas formas: conforto, consolação, comunhão com o sofrimento de Cristo, salvação, força, fortaleza, perseverança. Isso é o que significa sofrimento redentor. Quanto maior a porção que nos é atribuída, maior é o nosso material para o sacrifício. À medida que fazemos do sofrimento uma alegre oferta para Deus, aumenta o nosso potencial de nos tornarmos "instrumentos de sua paz" — de sermos "pão partido e vinho derramado", transbordando consolação para os solitários e sofredores do mundo.

Queremos servir uns aos outros em amor? Deixemos Deus transformar até mesmo nossa solidão em poder para servir. Deixemos que ele nos liberte de nós mesmas a fim de podermos nos tornar servas de outrem. Como a base de nossa união com Cristo é seu amor sacrificial por nós, a base de nossa união com os outros é esse mesmo tipo de amor — o amor que se esquece de seus próprios problemas e renuncia a si mesmo.

Seria absurdo fingir que entendo muito disso na prática. Não entendo. Em primeiro lugar, na escala dos sofrimentos humanos, os meus próprios não me parecem tão grandes. Em segundo lugar, cada nova visão do amor de Deus e cada leitura do Capítulo do Amor, 1 Coríntios 13, mostram-me o quão longe estou da prática diária desse tipo de amor.

Portanto, embora eu escreva sobre coisas das quais tenho apenas um pouco de experiência, mesmo esse pouquinho já abre a cortina o suficiente para me revelar que Deus quis dizer exatamente o que ele disse. Ele promete:

uma coroa em vez de cinzas, óleo de alegria, em vez de pranto, veste de louvor, em vez de espírito angustiado [...] Em lugar da vossa vergonha, tereis dupla honra; em lugar da afronta, exultareis na vossa herança; por isso, na vossa terra possuireis o dobro e tereis perpétua alegria.

Isaías 61.3-7

Essas trocas abundam nas Escrituras. Por exemplo: espinheiros são trocados por ciprestes, sarças por murtas, maldições por bênçãos, lamento por dança, pano de saco por alegria, desertos por pastos, trevas por luz, nossa confusão pela direção divina; nossas próprias necessidades são satisfeitas quando preenchemos as dos outros; a pobreza dá lugar ao reino dos céus; o luto é trocado por consolo, fome e sede por saciedade, perseguições na terra por recompensas no céu, um corpo perecível por um imperecível, fraqueza por poder, humilhação por glória, mortalidade por imortalidade, um corpo vil por um corpo resplendente e — o ápice de tudo — vida que nasce da morte.

No século XVII, George Herbert escreveu este diálogo entre o cristão e a morte:

Cristão
Ai de ti, pobre Morte! Onde está tua glória?
Onde, tua famosa força, teu antigo aguilhão?

Morte

Ai de ti, pobre mortal, desprovido de história!

Aprende a soletrar e lê como assassinei o teu Rei.

Cristão

Pobre Morte! E quem foi por isso atingido?

Ao pôr sobre ele tua maldição, tu mesma te tornaste maldita.

Morte

Que balbuciem os derrotados! Ainda assim, tu morrerás;

estes braços te esmagarão.

Cristão

Não tenhas piedade, faze o teu pior:

um dia, serei melhor do que antes;

tu, muito pior; tu não mais serás.[41]

"Melhor do que antes". O Senhor veio para enxugar as lágrimas, a Bíblia nos diz, e por isso podemos entender que ele veio para dissipar a solidão. Ele irá dissipá-la — assim que possível, mas não antes. As lágrimas, a solidão, as dores desta vida são parte do processo em que ele está trabalhando. Se entendermos isso, nunca precisaremos ficar amargurados a respeito. Um dia, tudo isso será trocado pela completude. É por isso que podemos cantar, até mesmo sobre a morte, como Herbert fez: *Não tenhas piedade, faze o teu pior.*

---

41 George Herbert, "A Dialogue Anthem", em *The poems of George Herbert* (London: Oxford, 1958), 153.

# 24

Maturidade espiritual significa parentalidade espiritual

Pode parecer a alguns leitores que esse tratamento da solidão humana é apenas teórico, talvez meramente passivo, talvez "espiritual demais". Onde está a ajuda *prática*?

Eu posso sugerir que você se matricule numa academia, junte-se ao coral da igreja ou faça um cruzeiro; que faça aulas noturnas de poesia ou até de tecelagem subaquática de cestas; que aprenda a cantar, esquiar, costurar, mergulhar ou explorar cavernas. Se você está em busca de um marido, mude-se para o Alasca — dizem que é lá onde os homens estão. Se você quer uma esposa, vá para o campo missionário estrangeiro. Lá, o número de mulheres solteiras é muito superior ao de homens (no Equador, quando eu estava lá, era algo em torno de setenta para um).

Mas, obviamente, não estou sugerindo nada nesse sentido. O que ofereço é algo muito diferente — mais prático e mais "útil" no longo prazo do que qualquer diversão, algo que me foi não apenas eminentemente exequível em todos os lugares e circunstâncias pelos quais passei, mas sobretudo algo fundamentalmente transformador. Não é um truque, um programa ou um método para se livrar da solidão de uma vez por todas. Não acredito que exista tal coisa. Não custa dinheiro, não requer habilidade nem depende da cooperação de outros. Trata-se de simplesmente ver a solidão como uma dádiva — a ser recebida e oferecida de volta a Deus para o uso dele. Podemos dizer que é uma *moeda* que pode ser trocada por algo de valor eterno.

Quando gastamos uma moeda, ela se vai. Com frequência, tenho descoberto que a solidão entregue a Deus desaparece. Não consigo encontrá-la em lugar algum. Meu coração está leve. Meu trabalho é uma alegria. Eu estou curada. E, sem que eu perceba, ocorre, além da minha própria cura, uma troca com a qual eu não sonhava: o fardo de outra pessoa é aliviado.

Mas então ela vem de novo, talvez de uma maneira diferente, mas solidão da mesma forma: o lembrete de que fui feita para Deus, de que meu coração nunca descansará em nenhum outro lugar, de que nada que o mundo possa oferecer irá satisfazê-lo.

Posso prometer que sua solidão desaparecerá de uma vez? Não. Nem sempre acontece assim. Não posso oferecer uma varinha que, quando usada da maneira correta, fará seus problemas sumirem. Não posso dizer: "Aqui está o que você pode fazer a respeito dela", mas posso dizer: "Aqui está o que você pode fazer *com* ela — agora mesmo". Receba-a de boa vontade, como vinda de Deus. Ofereça-a de volta a ele com gratidão.

Maturidade espiritual significa parentalidade espiritual

Você ainda estará sozinha, mas não estará solitária. Você encontrará refúgio na solitude, e sua libação a levará um passo adiante rumo à maturidade espiritual.

No entanto, quero dar um passo além. Acho que é mais do que um passo. É uma porta que está aberta para todos nós — a da paternidade espiritual.

A maturidade física traz consigo o poder de reprodução. A maturidade espiritual traz o mesmo. Acredito que todos nós fomos criados para ser pais e mães. Nem todos da usual maneira física, pois o plano original de Deus foi prejudicado. Quando somos redimidos, no entanto, nos tornamos novas criaturas. Tudo se torna possível. Embora Deus ainda não tenha criado um novo céu e uma nova terra, ele nos criou para sermos semelhantes a ele "em justiça e retidão procedentes da verdade" (Ef 4.24), e ele não desistiu disso. Ele está empenhado em criar novos homens e novas mulheres. Jesus morreu para que não vivêssemos mais para nós mesmos. Ele quer viver sua vida em nós e, assim, nos tornar doadores de vida.

Um daqueles programas de televisão incríveis sobre a natureza mostrou a maravilhosa história do pinguim-imperador da Antártida. Os *machos* incubam os ovos. Não esquecerei tão cedo a cena — acres e acres de gelo, rodeados pelo gélido mar e um céu quase negro; o vento assobiando pela vastidão desolada em que se erguiam, parados como estátuas, milhares de pinguins-pais, cada um carregando sobre seus pés um único ovo, protegido por uma orla de penas quentes. *Eles permanecem assim por três meses.* No momento em que o filhote bica para sair do ovo, o pai está quase morrendo de fome. Nesse ponto, a mãe assume os cuidados do filhote até que o pai encontre comida no oceano, após o que eles se revezam como babás enquanto o filhote precisar.

Que imagem da paternidade! Paciência. Sacrifício. Responsabilidade. Proteção. Provisão. É para isso que os pais *existem*. Eles *geram* filhos, mas isso é apenas o começo. O profeta Oseias retrata o pai amando seus filhos, chamando-os à piedade, ensinando-os a andar, tomando-os nos braços, guiando-os com laços de amor, erguendo-os ao seu rosto, curvando-se para alimentá-los. Acerca de Deus, ele escreve: "Por ti o órfão alcançará misericórdia" (Os 14.3).

Penso em meu próprio pai — alto, magro, um tanto reticente, mas muito querido — e em como ele segurava seus pequeninos recém-nascidos em suas duas grandes mãos (lembro-me do nascimento de três de meus irmãos). Penso em como ele nos levava para passear nas tardes de sábado; em como ficava de joelhos e deixava que dois de nós o cavalgássemos ao redor da sala de jantar; ou em como nos permitia sentar em cima de seus enormes pés, segurando suas panturrilhas, enquanto ele caminhava ao redor da sala. Nele encontramos o amor de um pai.

São Paulo foi um pai espiritual para muitos. Os coríntios eram seus "filhos amados". "Porque, ainda que tivésseis milhares de preceptores em Cristo, não teríeis, contudo, muitos pais; pois eu, pelo evangelho, vos gerei em Cristo Jesus" (1Co 4.15).

Aos tessalonicenses, ele escreveu: "E sabeis, ainda, de que maneira, como pai a seus filhos, a cada um de vós, exortamos, consolamos e admoestamos, para viverdes por modo digno de Deus, que vos chama para o seu reino e glória" (1Ts 2.11-12).

As Escrituras têm coisas muito fortes a dizer sobre pais que falham em assumir a responsabilidade pelos filhos. Eli, que fora juiz sobre Israel por quarenta anos, nunca julgara seus próprios filhos. O menino Samuel, seu servo no templo, foi-lhe enviado com uma mensagem de Deus: "Porque já lhe disse que julgarei a sua casa para sempre, pela iniquidade que ele bem conhecia, porque seus filhos se fizeram execráveis, e ele os não repreendeu" (1Sm 3.13). Os dois filhos foram mortos em batalha, a arca de Deus foi tomada e esta notícia foi a morte do velho Eli.

Muitas leitoras não sabem o que é ter um pai piedoso e amoroso. Muitos (como minha filha) não sabem sequer o que é ter um pai. Ainda assim, temos as imagens bíblicas da paternidade para nos mostrar o que ela deve ser.

Embora os pais de família tenham uma estimada e inevitável responsabilidade por seus filhos na carne, não deveriam todos os homens cristãos pensar que são, em certa medida, espiritualmente responsáveis por outros? Será que eles podem escapar do cuidado paterno apenas porque não têm filhos gerados biologicamente? Acaso Deus não os chama a abandonar o egoísmo e a deixar de viver para si mesmos? O que isso significa para pais de família? O que significa para homens solteiros — acaso eles não têm uma responsabilidade especial de sacrificar-se de maneiras que homens casados não têm a liberdade de fazer?

Esperança na Solidão

Veja J. O. Fraser, que foi para o sudoeste da China aos vinte e dois anos e se entregou ao povo da tribo Lisu, tomando-os nos braços, por assim dizer, e carregando-os como um pai carrega seus filhos. Ele não se casou antes dos quarenta anos, mas viveu uma vida de paciência, sacrifício, responsabilidade, proteção e provisão para aquelas pessoas que nunca tinham ouvido falar de Cristo. Foi uma vida muito solitária para o único estrangeiro que muitos daquele povo jamais viram. Por meses a fio, ele viajava a pé ou em lombo de mula para vilas quase inacessíveis, empoleiradas no alto das montanhas nevadas. Fraser recebeu de bom grado sua solidão e sua solteirice como parte do preço de ser um servo do Senhor. Era sua oferta diária.[42]

E o que dizer de mães espirituais? Ana, uma velha viúva quando Jesus nasceu, passava todo o seu tempo no templo, adorando dia e noite, jejuando e orando. Que maior obra poderia ela ter feito do que entregar-se assim pela vida do mundo? Pense em Lottie Moon na China, Malla Moe e Mary Slessor na África, Ida Scudder e Amy Carmichael na Índia — mulheres solteiras, todas elas, mulheres solitárias, sem dúvida. Mas a sua aceitação da solidão significou vida para milhares. Eu poderia citar pelo menos cinco mulheres, desconhecidas do mundo, que têm sido doadoras de vida para mim — três delas solteiras e duas, viúvas. Elas não teriam sido livres para me aceitar em seus corações tão completamente, como fizeram, se não estivessem sozinhas. Elas foram mães de fato, cuidadoras, vasos

---

42 Ver Eileen Crossman, *Mountain Rain* (Singapore: Overseas Missionary Fellowship, 1984).

portadores da vida de Jesus. Esse privilégio não é inalcançável a qualquer mulher que se entregue a Deus completamente.

Na verdade, a maternidade espiritual não foi inalcançável sequer para o apóstolo Paulo. Seu desejo de ver os cristãos da Galácia crescerem espiritualmente era tão forte que ele realmente usou uma metáfora materna para descrevê-lo: Ele sentiu "dores de parto" por eles. Moisés queixou-se a Deus porque teve de cuidar dos israelitas como se fosse sua mãe.

A paternidade e a maternidade espirituais de que falo nem sempre significam ser o instrumento pelo qual alguém é trazido a Cristo, como Paulo foi para alguns de quem ele era pai. Bispos, pastores, anciãos e diáconos são os "pais" da Igreja, os guardas, protetores, cuidadores, aqueles que entregam suas vidas como servos de todos. Pense no potencial das mulheres de meia-idade, casadas e mães, que estão solitárias porque seus próprios filhos se foram. Se, em vez de cederem à costumeira pressão para fazerem algo por si mesmas "para variar", elas vissem a necessidade da jovem ao lado, cujo coração clama por cuidado maternal; ou se se entregassem como voluntárias em hospitais e asilos onde mulheres muito mais solitárias anseiam por companhia; elas ficariam surpresas em como as palavras de Isaías se tornariam realidade: "Se [...] fartares a alma aflita, então, a tua luz nascerá nas trevas, e a tua escuridão será como o meio-dia. O Senhor [...] fartará a tua alma [...] e fortificará os teus ossos; serás como um jardim regado e como um manancial cujas águas jamais faltam" (Is 58.9-11).

25

Uma vida trocada

No sudeste dos Estados Unidos, há centenas de mulheres que receberam o cuidado maternal de uma única mulher que desistiu de seu emprego na Auburn University para lhes ensinar a Bíblia, para estar disponível quando precisassem dela, para entregar a sua vida. Trata-se de Betty Thomas, uma das pessoas mais modestas e altruístas que conheço.

"Você consegue identificar quem é discípulo dela", disse-me uma amiga sua. "São pessoas diferentes. Há uma marca nelas — a marca da piedade que aprenderam com Betty". É verdade. Eu vi essa marca com os meus próprios olhos.

Na semana passada, em uma conferência em Boston, uma mulher de meia-idade de cujo nome já não me lembro disse: "Sou uma mulher disponível. Esse é o meu trabalho. Quando as pessoas perguntam o que eu faço, apenas digo que sou uma mulher disponível". Perguntei se ela alguma vez havia ficado sem trabalho. O riso foi sua única resposta. Sem dúvida, o riso tem sido a resposta de alguns dos que a ouviram descrever seu trabalho, mas ela faz o trabalho para Deus, não pelo prestígio.

Esperança na Solidão

A escolha de se tornar pai ou mãe é uma escolha de carregar fardos. A maternidade pode transformar uma garota frívola em uma mulher sóbria muito rapidamente. Paternidade significa assumir as assustadoras demandas de prover para pessoas totalmente dependentes. Significa estar disposto a desistir de muitos hobbies e passatempos, da garantia de uma noite de sono ininterrupta, da facilidade de ir e vir quando se quer. Significa uma disposição para trocar fraldas (sim, mesmo que não esteja só molhada), tirar o lixo, ler uma história para dormir, carregar o penico, o cercadinho e o assento do carro de um lado para o outro. Significa usar uma série de habilidades que você não tem, e não usar as que você sabe que tem. Uma amiga com experiência em uma área de atuação muito prestigiada, mas que agora trabalha em uma área muito mais humilde, escreveu-me sobre a alegria de saber que ela está onde Deus a colocou. Às vezes, porém, uma vozinha irritante a lembra de que ela não está "usando suas aptidões". Falei dela para minha cunhada, cuja reação foi: "Ótimo treinamento para a maternidade!".

As analogias espirituais são claras. A escolha de se tornar um pai ou uma mãe espiritual é uma escolha de perder a vida. É uma escolha de carregar fardos. Dependentes espirituais são uma perturbação e um fardo. A perspectiva é assustadora e, quanto maior for a nossa apreciação de tão elevado chamado, maior será o nosso sentimento de inadequação.

"Grandes expectativas sempre podem ser paralisantes", escreve um solteirão de meia-idade, refletindo sobre a demora do casamento e da família.

Não quero ser desleixado ou despreparado, indiferente ou autoritário; não quero [...] aceitar tarefas que farei mal. E assim eu paro à beira da piscina, calculando a profundidade da água, mergulhando um dedo do pé para sentir a temperatura, premeditando, avaliando, formando opiniões, sendo prático e louvável, enquanto outros nadam alegremente ou afundam pateticamente. Depois de tantos parágrafos, como explicar de outra forma minha ambivalência, minha incapacidade de dizer sim — à questão de casar e ter filhos, é claro —, senão dizendo que fico intimidado com a importância, a perenidade e o risco dessa questão?[43]

O que Deus nos chama para fazer é sempre impossível. Impossível, isto é, sem a ajuda dele. É sempre grande demais para nós, sempre difícil demais. O preço é alto demais. No entanto, ele nos chama a não considerarmos a nossa vida preciosa para nós mesmos. Pais e mães não têm muito tempo para pensar nas impossibilidades. Eles simplesmente devem fazer o trabalho. Eles também não têm muito tempo para pensar na solidão.

É encorajador descobrir que, mesmo numa época em que tantos parecem viver totalmente para si mesmos, há homens que não apenas não se esquivam da perspectiva da paternidade, como a desejam. Harry Stein, da revista *Esquire*, escreve sobre:

---

[43] Ron Hanson, "The Male Clock", *Esquire*, April 1985.

o conflito entre os imperativos da carreira e os da paternidade — em um sentido mais pleno, entre conquistas nos termos do mundo e em nossos próprios termos. [...]

Por um lado, o que tenho com meus filhos é absolutamente impagável; aquelas milhares de horas no chão entre blocos de montar, peças de quebra-cabeça e carrinhos diversos; transmitindo a sabedoria de Johanna Spyri e do Dr. Seuss; inventando nossos próprios jogos, histórias e canções; e simplesmente sentando-se ao lado deles, praticamente sem fazer nada; tais horas têm sido as mais gratificantes, as mais emocionalmente estimulantes da minha vida. Por outro lado [...] há momentos em que o preço pago por elas parece terrivelmente alto. O fato é que, desde a chegada de minha filha há três anos e meio, profissionalmente não tenho sido nem de perto tão produtivo quanto teria sido de outro modo, como já fui outrora. [...] É difícil não lamentar [...] que, no que Horatio Alger chamaria de "o jogo da vida", eu esteja consideravelmente mais atrasado do que imaginei que estaria agora.[44]

Prosseguindo, ele declara que a troca tem sido tão esmagadoramente vantajosa que "o aparente lado negativo mal merece ser mencionado". Na verdade, ele conclui, não o trocaria por uma braçada de prêmios Nobel.

---

44 Harry Stein, "A Man of Progeny", *Esquire*, April 1985.

Eu tenho quatro irmãos. Nenhum deles ganhou um monte de dinheiro, mas todos ganharam riquezas de outro tipo. Todos são pais — tanto física quanto espiritualmente. Phil, o mais velho, pai de dois filhos, é missionário nos Territórios do Noroeste, Canadá, há mais de trinta e cinco anos. Ele começou em um lugar isolado chamado Nahanni, onde ele e sua pequenina esposa sulista construíram uma cabana de troncos e viajavam em um trenó puxado por cães para aprender uma língua indígena ágrafa, a fim de poderem levar o evangelho a pessoas que não o conheciam.

Dave, pai de quatro filhos, foi missionário na Costa Rica e na Colômbia e agora vive em Cingapura, como diretor da World Evangelical Fellowship [Fraternidade Evangélica Mundial]. Com frequência, encontro sua descendência espiritual em minhas viagens.

Tom, pai de dois filhos, é escritor e professor. Em escolas de Ensino Médio e em faculdades, na Inglaterra e nos Estados Unidos, ele tem sido o pai espiritual de muitos jovens, tentando transmitir-lhes uma visão cristã mais ampla e mais gloriosa.

Jim, pai de quatro filhos, é o mais novo. Ele é um artista e pastor de uma pequena igreja na pequena cidade de Cody, Wyoming.

Isso responde à pergunta sobre o que eles fazem profissionalmente. Não diz nada sobre a paternidade espiritual que cada um tem feito. Suponho que nenhum deles tenha pensado no assunto dessa forma em especial. Nunca lhes perguntei. Mas eu vejo. Sei que é isso o que eles fazem. Também conheço um pouco da solidão que a vida lhes trouxe, embora jamais tenha ouvido nenhum deles mencionar essa palavra. Eles são homens. Cada um assumiu responsabilidades além de suas famílias e de seus empregos, o que tem significado *minha vida pela sua*.

Uma porta de esperança

Este livro é dedicado a Katherine Morgan, que conheci na cidade de Nova York em 1952, quando ela trouxe suas quatro filhas da Colômbia para cursarem o Ensino Médio. Ela trabalhava para uma revista missionária chamada *Voices*, em um pequeno escritório em um prédio sombrio perto da prefeitura. Às vezes eu a ajudava lá, fazendo trabalhos temporários para a equipe — que era composta por Katherine, uma ou duas outras mulheres (se minha memória não me falha) e o editor, já bem velho.

Geralmente almoçávamos no escritório, fazendo chá em um banheiro pequeno e decadente e, às vezes, regalando-nos com tortas de carneiro frias trazidas pelo editor, um escocês que achava deliciosa até mesmo a gordura solidificada. Eu enchia Katherine de perguntas sobre sua vida — suas experiências como missionária, esposa, mãe, viúva. Ela as respondia sempre com bom humor e, muitas vezes, era completamente hilária. Quando eu investigava coisas que a maioria de nós chamaria de problemas, ela os tratava com leveza.

Um dia, em resposta a uma pergunta, ela disse: "Tenho certeza de que, por ser viúva, sou uma mulher melhor do que seria de outra forma".

Ela era infalivelmente atenciosa e gentil para com o velho que a chefiava, dedicava tempo a mim, uma esperançosa candidata a missionária (e foi ela quem mais ou menos me "empurrou" para a América do Sul), e entregou sua vida diariamente, por mais de meio século, em Pasto e depois em Bogotá. Ela mantinha a casa aberta para todos e para qualquer um — os pobres, os aflitos, os doentes, os insanos, os proscritos e criminosos, os moribundos. Qualquer pessoa que precisasse de uma mãe, de um lar e de amor encontrava tudo isso na casa de Katherine. Ela não fazia isso apenas com altruísmo. Ela o fazia sem pensar em si mesma um instante sequer.

Seu vale árido (choro) se transformou em manancial para mim e para milhares de colombianos. Para mim, ela foi a prova irrefutável de que a resposta à nossa solidão é o *amor* — não no sentido de encontrarmos alguém que nos ame, mas no sentido de nos entregarmos ao Deus que sempre nos amou com amor eterno. O amor a Deus, então, se expressa em um feliz, sincero e total derramamento de nós mesmas em amor aos outros.

Ainda estou atrás de Katherine e de tantos outros que me mostraram tão brilhantemente esse caminho para Deus. Oro e confio que o mesmo Senhor que os atraiu para si mesmo continuará a atrair-me. Temos a promessa dele: "Portanto, eis que eu a atrairei, e a levarei para o deserto, e lhe falarei ao coração. E lhe darei, dali, as suas vinhas e o vale de Acor por porta de esperança" (Os 2.14-15).

FIEL
MINISTÉRIO

O Ministério Fiel visa apoiar a igreja de Deus, fornecendo conteúdo fiel às Escrituras através de conferências, cursos teológicos, literatura, ministério Adote um Pastor e conteúdo online gratuito.

Disponibilizamos em nosso site centenas de recursos, como vídeos de pregações e conferências, artigos, e-books, audiolivros, blog e muito mais. Lá também é possível assinar nosso informativo e se tornar parte da comunidade Fiel, recebendo acesso a esses e outros materiais, além de promoções exclusivas.

Visite nosso site

www.ministeriofiel.com.br

Impressão e Acabamento | Gráfica Viena
Todo papel desta obra possui certificação FSC® do fabricante.
Produzido conforme melhores práticas de gestão ambiental (ISO 14001)
www.graficaviena.com.br